Gut und günstig!

STUDENTENKÜCHE

Bath • New York • Cologne • Melbourne • Delhi
Hong Kong • Shenzhen • Singapore • Amsterdam

INHALT

EINLEITUNG

Wer im Studium nicht mehr bei den Eltern wohnt, muss sich selbst versorgen und oft auch sparsam wirtschaften. Für diese Studenten wird unser Kochbuch schnell zu einem guten Freund in der Küche werden, denn es liefert zahlreiche leckere und kreative Rezeptideen für jeden Geschmack, die nicht die Welt kosten.

Ob Du nach einem langen Tag an der Uni hungrig nach Hause kommst, nach einem Party-Wochenende Gehirnnahrung brauchst, einen gemütlichen Abend mit Freunden planst oder von nächtlichen Hungerattacken befallen wirst: In diesem Buch findest Du alles: herzhafte und süße Gerichte für jede Gelegenheit. Mit dem tollen Repertoire an einfachen, unkomplizierten Rezepten wirst Du schnell der Star in der WG-Küche, und das Budget wird dabei noch geschont.

Los geht's mit einer tollen Auswahl an Rezepten für Frühstück und Brunch, die satt

machen und die Gehirnzellen mit allem versorgen, was sie brauchen. Wer es schnell und leicht mag, kann mit Müsli oder Porridge in den Tag starten. Wer Gehaltvolleres braucht, sollte Florentiner Eier, Frühstücks-Burrito oder Frittata mit Wurst probieren. Und wer morgens nicht gern isst, kann sich vielleicht für Smoothies wie Müsli-Motivator oder Mango-Kick erwärmen.

Weil Gehirn und Körper um die Mittagszeit auftanken müssen, findest Du im zweiten Kapitel unwiderstehliche und günstige Snacks, zum Beispiel Wraps, gefüllte Fladenbrote, Sandwiches und Toasts sowie Salate und Suppen. Die Auswahl an Rezepten umfasst Pizza-Toasties, Fischstäbchen-Sandwiches mit Dressing, Knusprige Kartoffeln mit Guacamole, Couscous-Salat mit gegrilltem Kürbis oder Linsensuppe mit Schinken.

Wer sich nach klassischen Gerichten sehnt, die er vielleicht von zu Hause kennt, findet im nächsten Kapitel viele bekannte Rezepte, die sich übrigens auch sehr gut für stressige Klausurzeiten eignen. Da gibt es Schnelles Rinderragout, Hackbraten, Pasta mit Tomatensauce und Mac 'n' Cheese. Du magst es auch gern würzig? Dann werden Dir Chili con Carne, Kreolisches Huhn, Tandoori-Lachs oder Scharfer Bohneneintopf gefallen.

Das vierte Kapitel präsentiert preiswerte Alternativen zum Fast Food, die auch gegen großen Hunger helfen. Trommle ein paar Freunde zusammen und begeistere sie mit Monster-Hotdogs, Chickenwings mit scharfer Sauce oder Schweinefleisch süßsauer. Oder mach deinen Kommilitonen die Hölle heiß mit scharfen Gerichten wie Lamm-spieße mit scharfer Chilisauce, Gemüse-Korma oder Grünem Thai-Curry mit Huhn.

Auch gegen Süßattacken bist Du mit diesem Buch bestens gewappnet. Das letzte Ka-pitel bietet Klassiker wie Schokoladenpudding, Marmeladenrolle oder Sirupkuchen, aber auch eisgekühlte Verführungen wie Bieramisu, Eton Mess oder Riesen-Bananensplit. Und wenn Freunde auf einen gemütlichen Abend vorbeikommen, kannst Du sie mit kreativen Cocktails wie Margarita, Club Mojito und Tequila Slammer überraschen.

Spartipps

• Clever einkaufen: In einer WG plant man am besten gemeinsam die Mahlzeiten für mehrere Tage, schreibt eine Einkaufsliste und hält sich kon-sequent daran.

• Obst und Gemüse der Saison bekommt man meist am günstigsten auf dem Markt.

• Preiswertere Fleischstücke eignen sich gut für Schmorgerichte, von denen auch eine größere Runde satt wird. Auch Speckstücke, Bratenaufschnitt oder geschnittener Räu-cherlachs sind preiswert und schmecken wie die „besseren" Stücke.

• Eigenmarken der Supermarktketten sind günstiger als Markenprodukte, aber nicht unbedingt schlechter.

• Reste lassen sich kreativ verwerten. Fleischreste für Suppen, Salate oder Pasteten, Gemüsereste für Frittatas, Suppen und Nudelaufläufe.

• Wer ein großes Gefrierfach hat, sollte tiefgekühltes Gemüse auf Vorrat kaufen. Es ist preiswert und gesund. Gerichte wie Suppen, Schmorgerichte und Nudelsaucen gefriert man am besten in Einzelportionen ein.

• Statt Bohnen in der Dose getrocknete Bohnen kaufen, einweichen und selbst kochen.

Kraftvoller Start in den Tag

Müsli

Für 4 Personen   Vorbereitung: 10–15 Min.   Garzeit: Keine

Zutaten

120 g kernige Haferflocken

50 g getrocknete Aprikosen, gewürfelt

30 g Pekannüsse, grob gehackt

50 g Sultaninen

40 g getrocknete Cranberrys

2 EL Kürbiskerne

2 EL Sonnenblumenkerne

1 EL Sesamsaat

Milch oder Naturjoghurt, zum Servieren

Zubereitung

1 Die Haferflocken in eine große Schüssel geben. Aprikosen, Pekannüsse, Sultaninen, Cranberrys und alle Kerne und Saaten zugeben. Gründlich mischen. In einem luftdicht schließenden Gefäß aufbewahren.

2 Eine Portion Müsli mit Milch oder Naturjoghurt servieren.

Variation

Einen Apfel oder eine Birne raspeln und unter das Müsli rühren. Dann schmeckt es süßer und enthält mehr Ballaststoffe und Vitamine.

Birchermüsli

Für 4 Personen   Vorbereitung: 15 Min.   Garzeit: Keine
                    plus Kühlzeit

Zutaten

250 g Haferflocken

1 EL Weizenkleie

200 ml Milch

2 EL Honig, plus etwas mehr zum
Servieren (nach Belieben)

2 EL Naturjoghurt

1 Apfel, geschält, entkernt und
gerieben

150 g gemischte Nüsse,
z. B. Macadamianüsse, Cashewkerne
oder Haselnüsse, gehackt

1 Handvoll gemischte Beeren
sowie Fruchtmus, zum Servieren
(nach Belieben)

Zubereitung

1 Am Vorabend Haferflocken, Weizenkleie und Milch in einer
Schüssel verrühren und mit Frischhaltefolie abgedeckt über
Nacht kalt stellen.

2 Zum Servieren die Haferflockenmischung durchrühren, Honig,
Joghurt und Apfel zugeben und alles gut vermengen.

3 Das Müsli auf vier Schalen verteilen, mit gehackten Nüssen und
Beeren bestreuen und nach Belieben mit Honig oder Fruchtmus
beträufeln.

Cranberrymüsli

Für 8 Personen   Vorbereitung: 10–15 Min.   Garzeit: 30 Min.
plus Abkühlzeit

Zutaten

2 EL Pflanzenöl

125 ml Ahornsirup

2 EL flüssiger Honig

5 Tropfen Vanillearoma

280 g Haferflocken

2 EL Sesamsaat

4 EL Sonnenblumenkerne

4 EL Kürbiskerne

150 g getrocknete Cranberrys

Zubereitung

1 Den Backofen auf 150 °C vorheizen. Alle Zutaten in einer großen Schüssel vermengen.

2 Die Mischung gleichmäßig auf zwei Backblechen verteilen und
im vorgeheizten Ofen 15 Minuten backen.

3 Das Müsli sorgfältig mischen und weitere 15 Minuten im Ofen
backen. Dann vollständig auf den Blechen erkalten lassen. In
einen luftdicht schließenden Behälter füllen und innerhalb von
2 Wochen aufbrauchen.

Porridge mit Äpfeln & Gewürzen

Für 4 Personen   Vorbereitung: 10 Min.   Garzeit: 15 Min.

Zutaten

600 ml Milch oder Wasser

120 g Haferflocken

2 große Äpfel, halbiert, entkernt und geraspelt

½ TL gemischte Gewürze, z. B. Zimt, Gewürznelke, Kardamom

Honig, zum Servieren (nach Belieben)

Zubereitung

1 Milch oder Wasser aufkochen. Unter ständigem Rühren die Haferflocken einrieseln lassen. Die Hitze reduzieren und die Haferflocken 10 Minuten unter gelegentlichem Rühren köcheln.

2 Wenn die Flüssigkeit größtenteils aufgesogen ist und der Brei eine cremige Konsistenz hat, Äpfel und Gewürze unterrühren. In Schälchen füllen und nach Geschmack mit Honig beträufeln.

Knuspriger Beerenjoghurt

Für 4 Personen   Vorbereitung: 15 Min.   Garzeit: 5 Min.
plus Ruhezeit

Zutaten

75 g Reis-, Buchweizen oder
Hirseflocken oder eine
Mischung von allem

4 EL Honig

500 g Naturjoghurt

fein abgeriebene Schale
von 1 Orange

225 g gefrorene gemischte Beeren,
halb aufgetaut, plus ein paar mehr
zum Garnieren

Zubereitung

1 Eine Pfanne bei mittlerer Hitze erwärmen und die Flocken darin
1 Minute rösten, dabei die Pfanne rütteln. Die Hälfte des Honigs
zufügen und die Flocken damit überziehen. Unter Rühren wei-
terrösten, bis die Flocken goldbraun und leicht knusprig sind.

2 Den Joghurt in einer Schüssel mit dem restlichen Honig und der
Orangenschale verrühren. Die Beeren vorsichtig unterheben.
10–15 Minuten ruhen lassen, bis die Früchte zu wässern beginnen, dann wieder rühren, bis der Joghurt sich leicht verfärbt.

3 Zum Servieren eine Schicht Flocken auf vier Gläser verteilen,
darauf eine Schicht Beerenjoghurt geben und dies noch einmal
wiederholen. Mit Beeren dekorieren.

Müslipfannkuchen mit Honig

Für 4 Personen   Vorbereitung: 15 Min. plus Ruhezeit   Garzeit: 10–15 Min.

Zutaten

150 g Mehl

1½ TL Backpulver

1 Prise Salz

250 ml Milch

1 großes Ei

2 EL Sonnenblumenöl, plus etwas mehr zum Einfetten

2 EL fettarmer Naturjoghurt

140 g Müsli

Honig, zum Servieren

Zubereitung

1 Mehl, Backpulver und Salz in eine Schüssel sieben. Mit Milch, Ei, Öl und Joghurt zu einem glatten Teig verrühren. Das Müsli untermischen und 5 Minuten ruhen lassen.

2 Eine Pfanne dünn einfetten und bei mittlerer Temperatur erhitzen. Esslöffelgroße Teigportionen in die Pfanne setzen und braten, bis sich an der Oberfläche Blasen bilden.

3 Mit einem Palettenmesser wenden und die andere Seite goldbraun braten. Den restlichen Teig ebenso verarbeiten. Die fertigen Pfannkuchen so lange warm halten.

4 Die Pfannkuchen mit Honig beträufeln und sofort servieren.

Apfelcrêpes mit Zimt

Für 4 Personen   Vorbereitung: 20 Min.   Garzeit: 20–25 Min.
                 plus Ruhezeit

Zutaten

150 g Mehl

1 TL Zimt, plus etwas mehr
zum Bestreuen

1 Prise Salz

250 ml Milch

100 ml Apfelsaft

1 großes Ei

2 EL zerlassene Butter, plus etwas
mehr zum Braten

Füllung

3 Tafeläpfel, geschält und in Scheiben

Saft von ½ Zitrone

2 EL brauner Zucker

Zubereitung

1 Mehl, Zimt und Salz in eine Schüssel sieben. Mit Milch, Apfelsaft, Ei und Butter zu einem glatten, schaumigen Teig verrühren. 15 Minuten ruhen lassen.

2 Für die Füllung Äpfel, Zitronensaft und Zucker in einem Topf abgedeckt bei mittlerer Temperatur dünsten, bis die Äpfel weich sind. Dabei gelegentlich rühren. Warm halten.

3 Etwas Butter in einer Pfanne (20 cm Ø) bei mittlerer Temperatur erhitzen. So viel Teig unter Schwenken darin verteilen, dass der Boden dünn bedeckt ist. Die Unterseite goldbraun braten, dann mit einem Palettenmesser wenden und die andere Seite goldbraun braten.

4 Den restlichen Teig ebenso verarbeiten. Die fertigen Crêpes aufeinaderstapeln, dabei Küchenpapier dazwischenlegen und warm halten.

5 Die Crêpes mit den Äpfeln füllen, falten und fächerförmig anrichten. Mit etwas Zimt bestäuben und sofort servieren.

Arme Ritter

Für 6 Personen   Vorbereitung: 15 Min.   Garzeit: 15–20 Min.
plus Ruhezeit

Zutaten

6 Eier

175 ml Milch

¼ TL gemahlener Zimt

1 Prise Salz

12 Scheiben Weißbrot vom Vortag

50 g Butter oder Margarine, plus
etwas mehr zum Servieren

½–1 EL Sonnenblumenöl oder
Maiskeimöl

warmer Sirup, zum Servieren

Zubereitung

1 Die Eier in einer großen, flachen Schale mit Milch, Zimt und Salz
verquirlen.

2 Die Brotscheiben in die Schüssel legen und nach unten drücken,
damit sie ganz in die Eiermilch eintauchen. 1–2 Minuten ziehen
lassen, damit sie sich vollsaugen. Zwischendurch einmal wenden.

3 25 g Butter und ½ Esslöffel Öl in einer großen Pfanne erhitzen.
So viel Brotscheiben nebeneinander in die Pfanne legen, wie in
einer Lage passen, und 2–3 Minuten braten, bis die Scheiben auf
der Unterseite goldbraun sind.

4 Wenden und die andere Seite ebenfalls braten. Mit den anderen
Brotscheiben ebenso verfahren. Falls nötig, mehr Butter und Öl
in die Pfanne geben. Die fertigen Scheiben warm halten.

5 Die Scheiben aufstapeln und mit Butter und warmem Sirup
servieren.

Florentiner Eier

Für 2 Personen   Vorbereitung: 15 Min.   Garzeit: 8–12 Min.

Zutaten

4 Eier

250 g junge Spinatblätter, gehackt

4 EL Sahne

2 Vollkorn-Toasties

Salz und Pfeffer

Zubereitung

1   Die Eier vorsichtig aufschlagen und in einen Topf mit schwach kochendem Wasser gleiten lassen. 3–5 Minuten pochieren. Das Eiweiß soll fest sein, das Eigelb noch flüssig.

2   Die Eier mit einem Schaumlöffel oder Löffel aus dem Topf nehmen und auf Küchenpapier gut abtropfen lassen.

3   Inzwischen den Spinat mit dem Wasser, das vom Waschen an den gehackten Blättern haftet, in einem Topf bei mittlerer bis hoher Temperatur unter ständigem Rühren 3 Minuten erhitzen. Alternativ die Blätter in eine Mikrowellenschüssel geben und 1 Minute auf hoher Stufe in der Mikrowelle erhitzen, bis sie zusammenfallen. Die Sahne, etwas Salz und reichlich Pfeffer unterrühren.

4   Den Backofengrill auf mittlerer Stufe vorheizen. Die Toasties quer durchschneiden und unter dem vorgeheizten Grill rösten, bis sie leicht gebräunt sind. Auf jede Brötchenhälfte ein Viertel des Spinats geben und ein Ei daraufsetzen. Mit etwas Pfeffer bestreuen und sofort servieren.

Bagels mit Lachs & Frischkäse

Für 2 Personen   Vorbereitung: 15 Min.   Garzeit: 4–6 Min.

Zutaten

2 Bagels

2 Tomaten, in dünnen Scheiben

Zesten von 1 Zitrone

1 Frühlingszwiebel, gehackt

1 EL Olivenöl

125 g Räucherlachs, in Scheiben

4 EL Frischkäse

Pfeffer

Zubereitung

1 Den Backofengrill auf mittlerer bis hoher Stufe vorheizen. Die Bagels aufschneiden und mit der Schnittfläche nach unten auf den Rost legen. Rösten, bis die Bagels braun sind, dann umdrehen.

2 Die beiden Unterhälften der Bagels mit Tomatenscheiben belegen. Mit Zitronenzesten und Frühlingszwiebel bestreuen, dann mit Pfeffer würzen. Nicht salzen, denn der Räucherlachs ist bereits sehr salzig. Etwas Olivenöl über die Tomaten träufeln, dann 1–2 Minuten grillen, bis die Tomaten leicht gegrillt sind.

3 Die Räucherlachsscheiben auf den Tomaten verteilen, eventuell falten, und 1 weitere Minute grillen, bis der Lachs heiß ist und die Ränder braun werden.

4 Jeweils mit 2 Esslöffeln Frischkäse krönen, die obere Hälfte der Bagels daraufsetzen und servieren.

Doppeldecker mit Speck & Tomatensauce

Für 2 Personen   Vorbereitung: 20–25 Min.   Garzeit: 30 Min.

Zutaten

4 Scheiben Frühstücksspeck

4 dicke Scheiben Weiß- oder Mehrkornbrot

30 g weiche Butter

Pfeffer

Tomatensauce

2 EL Olivenöl

1 rote Zwiebel, gehackt

2 Knoblauchzehen, gehackt

250 g Eiertomaten, gehackt

250 g gehackte Tomaten aus der Dose

½ TL gemahlener Ingwer

½ TL Chilipulver

40 g dunkelbrauner Zucker

100 ml Rotweinessig

Salz und Pfeffer

Zubereitung

1 Für die Tomatensauce das Öl in einem großen Topf erhitzen. Zwiebel, Knoblauch, Tomaten, Ingwer und Chili zufügen und mit Salz und Pfeffer würzen. 15 Minuten köcheln lassen, bis die Zwiebel weich ist.

2 Die Mischung im Mixer glatt pürieren. Durch ein Sieb streichen, um die Samen zu entfernen. Wieder in den Topf geben, dann Zucker und Essig einrühren. Erneut zum Kochen bringen und köcheln lassen, bis die Sauce eindickt. Sofort in luftdicht schließende Gläser füllen und im Kühlschrank aufbewahren.

3 Den Backofengrill auf hoher Stufe vorheizen. Den Speck unter häufigem Wenden grillen, bis er knusprig und braun ist. Die Brotscheiben mit Butter bestreichen.

4 2 Scheiben Brot mit je 2 Scheiben Speck belegen. Mit Pfeffer würzen und etwas Tomatensauce daraufgeben. Mit den beiden anderen Brotscheiben belegen und sofort servieren.

Frühstücks-Smoothie

Für 1 Person   Vorbereitung: 15 Min.   Garzeit: Keine

Zutaten

1 Orange
50 g Cranberrys
1 Banane, grob gehackt
100 g Naturjoghurt

Zubereitung

1 Die Orange schälen, ein kleines Stück Orangenschale in feine Streifen schneiden und beiseitestellen. Den Rest der Schale wegwerfen. Die Kerne der Orange und den größten Teil der weißen Haut entfernen und wegwerfen. Das Fleisch grob hacken und mit den Cranberrys im Mixer pürieren.

2 Banane und Joghurt zufügen und alles zu einer glatten Mischung verarbeiten.

3 In ein Glas gießen, mit den beiseitegestellten Orangenschalenstreifen bestreuen und servieren.

Beeren-Smoothie

Für 1 Person   Vorbereitung: 10 Min.   Garzeit: Keine

Zutaten

175 g Heidelbeeren

120 g Cranberrys

150 g Naturjoghurt

2 TL flüssiger Honig

4 EL kaltes Wasser

Zubereitung

1 Heidelbeeren und Cranberrys im Mixer glatt pürieren.

2 Joghurt, Honig und Wasser zufügen und erneut pürieren.

3 In ein Glas gießen und sofort servieren.

Müsli-Motivator

Für 1 Person   Vorbereitung: 15 Min.   Garzeit: Keine

Zutaten

20 g Haferflocken

30 g Mandelblättchen

½ rosa Grapefruit, komplette Schale
und etwas weiße Haut entfernt,
entkernt und grob gehackt

150 g Himbeeren

Saft von 2 Orangen

125 ml kaltes Wasser

Zubereitung

1 Haferflocken und Mandelblättchen im Mixer fein mahlen.

2 Grapefruit, Himbeeren, Orangensaft und Wasser zufügen und
alles zu einem glatten Saft mixen.

3 In ein Glas gießen und sofort servieren.

Mango-Kick

Für 1 Person   Vorbereitung: 15 Min.   Garzeit: Keine

Zutaten

Kerne von ½ Granatapfel

1 Mango, entsteint und grob gehackt

1 Orange, die weiße Haut leicht
entfernt, entkernt und grob gehackt

Zubereitung

1   1 Esslöffel Granatapfelsamen beiseitelegen. Den Rest in einen
    Mixer geben, zerkleinern und in ein Glas gießen.

2   Mango und Orange in den Mixer geben und zu einer glatten
    Mischung verarbeiten.

3   Zu dem Granatapfelsaft geben, mit den restlichen Granatapfel-
    samen bestreuen und servieren.

Englisches Frühstück

Für 1 Person   Vorbereitung: 15 Min.   Garzeit: 20 Min.

Zutaten

2 Schweinsbratwürstchen

2–3 Scheiben geräucherter, durchwachsener Speck

1 Scheibe Vollkornbrot vom Vortag

2 große Tomaten, halbiert

Pflanzenöl, zum Beträufeln und Braten

2–3 Pilze

1 Ei

Salz und Pfeffer

Zubereitung

1 Den Backofengrill auf mittlerer bis hoher Stufe vorheizen. Die Würstchen unter dem vorgeheizten Grill 12–15 Minuten garen, bis sie goldbraun sind. Zwischendurch gelegentlich wenden.

2 Unterdessen die Speckscheiben in einer Pfanne ohne Fett von jeder Seite 2–4 Minuten braten. Aus der Pfanne nehmen und warm halten. Das ausgelassene Fett in der Pfanne lassen.

3 Die Pfanne bei mittlerer Temperatur erhitzen und das Brot ins Fett legen. Eine Seite 1–2 Minuten braten, dann wenden und die andere Seite 1–2 Minuten braten.

4 Die Tomatenhälften mit etwas Öl beträufeln, mit Salz und Pfeffer würzen und etwa 3–4 Minuten grillen.

5 Etwas Öl in eine saubere Pfanne geben und die Pilze darin braten. Aus der Pfanne nehmen und warm halten.

6 Das Ei in die Pfanne schlagen und 1 Minute (nach Belieben auch länger) braten, dabei immer wieder mit dem Bratfett begießen.

7 Würstchen, Speck, gebratenes Brot, Tomaten, Pilze und Ei auf einen Teller legen und sofort servieren.

Gekochte Eier mit Soldaten

Für 2 Personen   Vorbereitung: 5 Min.   Garzeit: 8–10 Min.

Zutaten

4 große Eier

Salz und Pfeffer

Soldaten

4 Scheiben knuspriges Weißbrot, gebuttert und in fingerdicken Streifen

Zubereitung

1   In einem kleinen Topf so viel Wasser zum Kochen bringen, dass es die Eier bedeckt.

2   Die Eier mit einem langstieligen Löffel vorsichtig ins kochende Wasser legen. Bei niedrigerer Temperatur 3–4 Minuten kochen (das Eiweiß sollte fest, das Eigelb flüssig sein). Sollen die Eier fester sein, müssen sie 4–5 Minuten kochen.

3   Die Eier mit einem Schaumlöffel aus dem Wasser nehmen, auf Küchenpapier abtropfen lassen und in Eierbecher setzen.

4   Die Eier aufschlagen, mit Salz und Pfeffer würzen und sofort mit den Soldaten servieren.

Kartoffelpfannkuchen mit Speck

Für 4 Personen   Vorbereitung: 20 Min.   Garzeit: 20–25 Min.

Zutaten

120 g kalte, zerstampfte Kartoffeln

200 ml Milch

75 g Mehl

1 TL Backpulver

1 Prise Salz

1 Ei, verquirlt

Sonnenblumenöl, zum Braten

Zum Servieren

8 magere Frühstücksspeckscheiben

1½ EL Ahornsirup

Zubereitung

1 Kartoffeln und Milch in der Küchenmaschine oder im Mixer zu einem dünnen Püree verarbeiten.

2 Mehl, Backpulver und Salz in eine Rührschüssel sieben, in die Mitte eine Mulde drücken und Ei und Püree hineingeben. Mit einem Schneebesen das Mehl langsam unter das Püree und Ei ziehen, dann gründlich zu einem weichen und cremigen Teig verrühren.

3 In einer großen, beschichteten Pfanne etwas Öl erhitzen. Eine kleine Kelle Teig pro Pfannkuchen (es sollten drei Pfannkuchen in die Pfanne passen) in die Pfanne geben. Von jeder Seite 2 Minuten braten, bis die Pfannkuchen goldbraun sind. Aus der Pfanne nehmen und warm halten, bis alle Pfannkuchen ausgebacken sind.

4 Inzwischen den Backofengrill vorheizen. Den Speck unter dem Grill braten, bis er knusprig ist, dabei mehrfach wenden. Die Pfannkuchen auf vier vorgewärmte Teller verteilen, mit je 2 Speckscheiben belegen und mit Ahornsirup beträufeln.

Rührei-Toasties
mit Räucherlachs

Für 2 Personen   **Vorbereitung: 15 Min.**   **Garzeit: 5–7 Min.**

Zutaten

4 Eier

1 EL Sahne oder Milch

50 g Butter

2 Toasties

125 g geräucherter Lachs, in
feinen Scheiben

Salz und Pfeffer

Schnittlauchröllchen, zum Garnieren

Zubereitung

1 Eier und Sahne in einer Schüssel verquirlen und mit Salz und
Pfeffer würzen. Die Hälfte der Butter in einer kleinen Pfanne bei
mittlerer Hitze zerlassen.

2 Die Eiermischung in die Pfanne geben und 1–2 Minuten stocken
lassen. Dabei gestocktes Ei von außen nach innen ziehen. Wenn
das Ei fast ganz gestockt ist, die Pfanne vom Herd nehmen.

3 Inzwischen den Backofengrill vorheizen. Die Toasties halbieren
und unter dem heißen Grill leicht rösten.

4 Die Toasties mit der restlichen Butter bestreichen und das
Rührei daraufgeben. Die Lachsscheiben darauf anrichten
und mit Schnittlauch garnieren. Sofort servieren.

Frühstücks-Burrito

Für 1 Person   Vorbereitung: 15–20 Min.   Garzeit: 8–10 Min.

Zutaten

2 Eiweiß

1 Prise Salz

¼ TL Pfeffer

1 Frühlingszwiebel, in feinen Ringen

½ TL Pflanzenöl

30 g rote oder grüne Paprika, klein gewürfelt

2 EL schwarze Bohnen aus der Dose, abgespült

1 Vollkornweizen-Tortilla, erwärmt

2 EL zerkrümelter Feta

2 EL Salsa

1 TL fein gehackter Koriander

Zubereitung

1 In einer kleinen Schüssel Eiweiß, Salz, Pfeffer und Frühlingszwiebel sorgfältig verrühren.

2 Das Öl in einer beschichteten Pfanne bei mittlerer bis starker Temperatur erhitzen. Die Paprika zufügen und etwa 3 Minuten unter Rühren braten, bis sie weich wird. Die Temperatur auf mittlere Hitze reduzieren und die Eiermischung zufügen. Unter Rühren 1–2 Minuten braten, bis die Masse zu stocken beginnt.

3 Die Bohnen in eine mikrowellengeeignete Schale geben und in der Mikrowelle etwa 1 Minute bei voller Leistung erhitzen.

4 Die Paprikamischung auf der Tortilla verteilen. Bohnen, Feta, Salsa und Koriander darübergeben und sofort servieren.

Frittata mit Wurst

Für 2 Personen   Vorbereitung: 15–20 Min.   Garzeit: 20 Min.
plus Abkühlzeit

Zutaten

4 Würstchen oder eine
vegetarische Alternative

Sonnenblumenöl, zum Braten

4 gegarte Kartoffeln, erkaltet
und gewürfelt

8 Cocktailtomaten

4 Eier, verquirlt

Salz und Pfeffer

Zubereitung

1 Den Backofengrill auf mittlerer Stufe vorheizen. Die Würstchen auf einen mit Alufolie verkleideten Grillrost legen und unter gelegentlichem Wenden 12–15 Minuten grillen, bis sie gar und goldbraun sind. Leicht abkühlen lassen, dann in mundgerechte Stücke schneiden.

2 Unterdessen etwas Öl in einer ofenfesten mittelgroßen Pfanne (25 cm Ø) bei mittlerer Temperatur erhitzen. Die Kartoffeln darin braten, bis sie goldbraun und knusprig sind, dann die Tomaten zufügen und 2 Minuten mitbraten. Die Würstchen in die Pfanne geben und alles gut vermengen.

3 Etwas mehr Öl zufügen, falls die Pfanne zu trocken ist. Die Eier mit Salz und Pfeffer würzen und über die Zutaten in der Pfanne gießen. 3 Minuten ohne Rühren braten, dann unter dem Grill 3 Minuten stocken lassen. Zum Servieren in Viertel schneiden.

Frühstücksomelett

Für 1 Person   Vorbereitung: 15–20 Min.   Garzeit: 20–25 Min.

Zutaten

2 TL Sonnenblumenöl

2 Schweinsbratwürstchen

50 g kleine Champignons,
in Scheiben

2 Scheiben Frühstücksspeck

2 große Eier

2 EL Milch

1 TL Butter

1 Tomate, in Spalten

1 Prise getrockneter Thymian

Salz und Pfeffer

1 mit Butter bestrichener Toast,
zum Servieren

Zubereitung

1   Das Öl in einer Pfanne erhitzen und die Würstchen darin unter häufigem Wenden 8–10 Minuten braten, bis sie gebräunt sind. Aus der Pfanne nehmen und beiseitestellen. Die Pilze in die Pfanne geben und bei hoher Temperatur braten, bis sie gebräunt sind. Ebenfalls beiseitestellen.

2   Den Backofengrill auf hoher Stufe vorheizen. Den Speck unter dem heißen Grill knusprig braten, dabei häufig wenden.

3   Unterdessen Eier und Milch mit etwas Salz und Pfeffer verquirlen. Die Pfanne auswischen und die Butter darin zerlassen. Die Eiermischung in die Pfanne gießen und 1–2 Minuten braten, bis das Ei zu stocken beginnt. Mit einer Gabel das gegarte Ei zur Mitte schieben, sodass das flüssige Ei zum Rand läuft. Wenn das Omelett fast fest ist, die Pfanne vom Herd nehmen.

4   Die Würstchen in dicke Scheiben schneiden. Würstchen, Speck, Pilze und Tomate auf eine Seite des Omeletts füllen. Mit Thymian bestreuen und 12 Minuten unter den heißen Grill schieben, bis der Belag brutzelt. Auf einen vorgewärmten Teller geben, die freie Hälfte des Omeletts über die Füllung klappen und sofort mit dem gebutterten Toast servieren.

Blaubeermuffins

Ergibt 12 Muffins

Vorbereitung: 20 Min.
plus Abkühlzeit

Garzeit: 20 Min.

Zutaten

280 g Mehl

1 EL Backpulver

1 Prise Salz

120 g Rohrzucker

150 g gefrorene Blaubeeren

2 Eier

250 ml Milch

80 g Butter, zerlassen und abgekühlt

5 Tropfen Vanillearoma

fein abgeriebene Schale
von 1 Zitrone

Zubereitung

1 Den Backofen auf 180 °C vorheizen. Eine 12er-Muffinform mit Papierbackförmchen auslegen. Mehl, Backpulver und Salz in eine große Schüssel sieben. Zucker und Blaubeeren vorsichtig untermischen.

2 Die Eier in einem Rührbecher leicht aufschlagen. Milch, Butter, Vanillearoma und Zitronenschale unterrühren. Eine Vertiefung in die Mitte der trockenen Zutaten drücken und die Eiermilch hineingießen. Die Zutaten zu einem groben Teig verarbeiten (nicht zu lange rühren!).

3 Den Teig in die vorbereiteten Förmchen füllen und im vorgeheizten Ofen etwa 20 Minuten backen, bis die Muffins aufgegangen und goldbraun sind.

4 Die Muffins 5 Minuten in der Form abkühlen lassen, dann herausnehmen und auf einem Kuchengitter vollständig erkalten lassen.

Aprikosen-Bananen-Muffins

Ergibt 10 Muffins   Vorbereitung: 25–30 Min.   Garzeit: 25–30 Min.

Zutaten

225 g Weizenvollkornmehl

4 TL Backpulver

25 g Muskovado-Zucker

100 g getrocknete Aprikosen, fein gehackt

1 Banane, zerdrückt mit 1 EL Orangensaft

1 TL fein abgeriebene Orangenschale

300 ml fettarme Milch

1 Ei, verquirlt

3 EL Maiskeimöl

2 EL Haferflocken

Zubereitung

1 Den Backofen auf 200 °C vorheizen. 10 Papierförmchen in die Vertiefungen eines Muffinblechs setzen. Mehl und Backpulver in eine Rührschüssel sieben und auch die Kleie aus dem Sieb zugeben. Zucker und gehackte Aprikosen unterrühren.

2 Eine Vertiefung in die Mitte der trockenen Zutaten drücken. Banane mit Orangensaft, Orangenschale, Milch, verquirltes Ei und Öl hineingeben und alles zügig zu einem festen Teig verrühren. Die Papierförmchen gleichmäßig mit dem Teig füllen.

3 Die Muffins dünn mit Haferflocken bestreuen und im vorgeheizten Ofen 25–30 Minuten backen, bis sie aufgegangen sind und auf Fingerdruck leicht nachgeben. Auf einem Kuchengitter etwas abkühlen lassen. Warm servieren.

Studentenfutter

Ergibt 12 Portionen   Vorbereitung: 10 Min.   Garzeit: Keine

Zutaten

80 g getrocknete Aprikosen, gehackt

80 g getrocknete Cranberrys

80 g Cashewkerne

80 g Haselnüsse

50 g Paranüsse, halbiert

50 g Mandelblättchen

4 EL geröstete Kürbiskerne

4 EL Sonnenblumenkerne

4 EL geröstete Pinienkerne

Zubereitung

1 Alle Zutaten in einer großen Schüssel gründlich mischen. Bis zum Verzehr in einem luftdicht schließenden Behälter aufbewahren.

Variation

Du kannst Trockenfrüchte und Nüsse beliebig kombinieren. Nimm beispielsweise statt der Cranberrys Rosinen oder Datteln oder ersetze eine Nusssorte durch Walnüsse oder Pekannüsse. Du kannst die Mischung über Dein Müsli streuen oder in einer Dose für unterwegs mitnehmen.

Low-Budget-
Lunches & –Snacks

Wraps mit geröstetem Gemüse & Feta

Für 4 Personen

Vorbereitung: 20–25 Min. plus Abkühlzeit

Garzeit: 20–25 Min.

Zutaten

1 rote Zwiebel, in 8 Spalten

1 rote Paprika, in 8 Streifen

1 kleine Aubergine, in 8 Stücken

1 Zucchini, in 8 Stücken

4 EL natives Olivenöl extra

1 Knoblauchzehe, zerdrückt

100 g Feta, zerkrümelt

1 kleines Bund frische Minze, gehackt

4 Weizentortillas

Salz und Pfeffer

Zubereitung

1 Den Backofen auf 220 °C vorheizen. Gemüse, Öl und Knoblauch auf einem beschichteten Backblech mischen und mit Salz und Pfeffer würzen. In den vorgeheizten Ofen schieben. 15–20 Minuten backen, bis das Gemüse gar und goldbraun ist.

2 Aus dem Ofen nehmen und abkühlen lassen. Feta und Minze untermischen.

3 Eine beschichtete Pfanne ohne Fett bei hoher Temperatur erhitzen. Die Tortillas darin von jeder Seite einige Sekunden erwärmen. Aus der Pfanne nehmen.

4 Die Gemüse-Feta-Mischung auf die Tortillas verteilen. Unteren und oberen Rand über die Füllung falten, dann aufrollen und in zwei Hälften schneiden. Sofort servieren.

Variation

Wer mag, bestreicht die Tortillas vor dem Belegen mit etwas Hummus oder Tahini.

Pitabrot mit Truthahnsalat

Für 1 Person   Vorbereitung: 15 Min.   Garzeit: 2 Min.

Zutaten

1 kleine Handvoll junge Spinatblätter, in Streifen

½ rote Paprika, in schmalen Streifen

½ Karotte, grob geraspelt

4 EL Hummus

80 g gegartes Putenbrustfilet, in schmalen Streifen

½ EL geröstete Sonnenblumenkerne

1 Vollkorn-Pitabrot

Salz und Pfeffer

Zubereitung

1 Spinat, Paprika, Karotte und Hummus in einer großen Schüssel verrühren, bis alle Zutaten von Hummus ummantelt sind. Fleisch und Sonnenblumenkerne zugeben und alles vermengen. Mit Salz und Pfeffer abschmecken.

2 Den Backofengrill auf mittlerer Stufe vorheizen. Das Pitabrot von jeder Seite 1 Minute grillen, aber nicht bräunen. Quer durchschneiden und die beiden Taschen öffnen.

3 Die Putenfleischmischung in die Taschen füllen und sofort servieren.

Hähnchen-Erdnuss-Sandwiches

Für 2 Personen   Vorbereitung: 10–15 Min.   Garzeit: 2 Min.

Zutaten

2 gehäufte EL grobe Erdnussbutter

3 EL stichfester Naturjoghurt

150 g gegartes Hähnchenfleisch mit Thai- oder Chinagewürz, in Streifen

4 Scheiben Vollkornbrot

Gurkenstifte und Salatblätter, zum Servieren

Zubereitung

1 Die Erdnussbutter in einem Topf bei mittlerer Temperatur unter ständigem Rühren erwärmen, bis sie flüssig ist. Alternativ in einem mikrowellengeeigneten Gefäß etwa 20 Sekunden in der Mikrowelle erhitzen, bis sie flüssig ist.

2 Den Joghurt zur Erdnussbutter geben und gut verrühren. Die Fleischstreifen zufügen und alles gut vermischen.

3 Die Fleischmischung auf zwei Brotscheiben verteilen, die beiden anderen Scheiben darauflegen. Mit Gurkenstiften und Salatblättern servieren.

Welsh Rarebit

Für 2 Personen   Vorbereitung: 15 Min.   Garzeit: 10–12 Min.
plus Abkühlzeit

Zutaten

4 dicke Scheiben Bauernbrot

225 g frisch geriebener
mittelalter Gouda

25 g Butter

3 EL Bier

½ TL Senfpulver

I Ei, verquirlt

Salz und Pfeffer

Zubereitung

1 Den Backofengrill auf mittlerer Stufe vorheizen. Das Brot unter dem heißen Grill nur von einer Seite rösten.

2 Den Käse mit Butter und Bier in einen Topf geben. Langsam bei niedriger Temperatur unter ständigem Rühren erwärmen. Salz, Pfeffer und Senfpulver zufügen und rühren, bis die Mischung dick und cremig ist. Vom Herd nehmen und etwas abkühlen lassen, dann das Ei unterrühren. Den Grill auf hoher Stufe vorheizen.

3 Die Käsemasse großzügig auf die ungerösteten Seiten der Brotscheiben verteilen, unter den heißen Grill schieben und überbacken, bis der Belag goldbraun ist und Blasen wirft. Sofort servieren.

Thunfisch-Mais-Fladen

Für 2 Personen   Vorbereitung: 15 Min.   Garzeit: 5–6 Min.

Zutaten

2 kleine Vollkornfladen

5 EL Tomatensauce für Pizza
(Fertigprodukt)

100 g Thunfisch aus der Dose (in Öl
oder Lake eingelegt), abgetropft

50 g Maiskörner aus der Dose,
abgetropft

100 g Mozzarella, in dünnen
Scheiben

Zubereitung

1 Den Backofengrill auf mittlerer Stufe vorheizen. Die Fladenbrote mit etwas Wasser einsprühen und von einer Seite rösten, bis sie heiß sind und auf Fingerdruck leicht nachgeben.

2 Die Fladenbrote aus dem Ofen nehmen, wenden und gleichmäßig mit der Tomatensauce bestreichen. Thunfisch und Mais darauf verteilen, dann die Käsescheiben darauflegen.

3 Unter dem Grill überbacken, bis der Käse geschmolzen ist und Blasen wirft. Sofort servieren.

Pizza-Toasties

Für 2 Personen   Vorbereitung: 15–20 Min.   Garzeit: 8–10 Min.

Zutaten

3 Vollkorn-Toasties, halbiert

2 EL Tomatenmark

2 EL Pesto

1 EL Olivenöl

½ rote Zwiebel, in feinen Ringen

3 Champignons, in Scheiben

½ Zucchini, in dünnen Scheiben

2–3 Scheiben Kochschinken oder
6 Scheiben Salami

100 g frisch geriebener Emmentaler
oder 6 Scheiben Mozzarella

Zubereitung

1 Die Toasties goldbraun rösten und abkühlen lassen.

2 Tomatenmark und Pesto in einer Schale verrühren und die Toastiehälften gleichmäßig damit bestreichen.

3 Das Öl in einer beschichteten Pfanne erhitzen. Zwiebel, Pilze und Zucchini hineingeben und dünsten, bis das Gemüse weich ist und zu bräunen beginnt.

4 Den Backofengrill vorheizen. Das Gemüse auf die Toastiehälften verteilen. Mit dem Schinken oder der Salami belegen und mit dem Käse bestreuen.

5 Die Pizza-Toasties 3–4 Minuten gratinieren, bis der Käse geschmolzen und leicht gebräunt ist. Heiß oder kalt servieren.

Quesadillas mit Chorizo & Käse

Für 4 Personen   Vorbereitung: 20 Min.   Garzeit: 25–30 Min.

Zutaten

125 g frisch geriebener Mozzarella

125 g frisch geriebener Emmentaler

225 g Chorizo ohne Haut, gewürfelt

4 Frühlingszwiebeln, fein gehackt

2 frische grüne Chilis, entkernt und fein gehackt

8 Weizentortillas

Pflanzenöl, zum Einpinseln

Salz und Pfeffer

Guacamole und Salsa, zum Servieren

Zubereitung

1 Beide Käsesorten, Chorizo, Frühlingszwiebeln, Chilis und etwas Salz und Pfeffer in einer Schüssel mischen. Die Mischung auf 4 Tortillas verteilen, die anderen 4 Tortillas darauflegen.

2 Eine große beschichtete Pfanne mit Öl einpinseln und bei hoher Temperatur erhitzen. Eine Quesadilla hineinlegen und mit einem Bratenwender etwas andrücken. 4–5 Minuten braten, bis die Unterseite braun ist. Wenden und die andere Seite braten, bis der Käse geschmolzen ist. Aus der Pfanne nehmen und warm halten. Die anderen Quesadillas ebenso braten.

3 Jede Quesadilla in Viertel schneiden und warm mit Guacamole und Salsa servieren.

Bagels mit Käse & Porree

Für 2 Personen   Vorbereitung: 20 Min. plus Abkühlzeit   Garzeit: 12 Min.

Zutaten

2 Porreestangen

25 g Butter

125 g frisch geriebener Gruyère

2 Frühlingszwiebeln, fein gehackt

1 EL frisch gehackte Petersilie

2 frische Bagels

Salz und Pfeffer

Zubereitung

1 Die Porreestangen putzen, die grünen Enden abtrennen und entsorgen, den weißen Teil bis zum Wurzelansatz längs einschneiden und sorgfältig waschen. Die Wurzel abschneiden und entsorgen. Den Porree fein schneiden.

2 Die Butter in einer großen Pfanne zerlassen und den Porree bei geringer Hitze 5 Minuten unter ständigem Rühren dünsten, bis er weich und leicht gebräunt ist. Abkühlen lassen.

3 Den Backofengrill vorheizen. Porree, Käse, Frühlingszwiebeln und Petersilie in einer Schüssel vermengen und mit Salz und Pfeffer würzen. Die Bagels durchschneiden und mit der Schnittseite nach unten unter dem Grill leicht rösten. Die Käse-Porree-Mischung auf die Schnittflächen der Bagels geben und wieder unter den Grill schieben, bis die Mischung Blasen wirft und goldbraun ist. Sofort servieren.

Croque Monsieur

Für 1 Person   Vorbereitung: 10–15 Min.   Garzeit: 6–8 Min.

Zutaten

2 dünne Scheiben rustikales Weißbrot, z. B. Ciabatta oder Bauernbrot

20 g weiche Butter

50 g frisch geriebener Gruyère

1 Scheibe Kochschinken, gegebenenfalls auf die Brotform zurechtgeschnitten

Zubereitung

1 Beide Brotscheiben auf einer Seite dünn mit Butter bestreichen. Eine Scheibe mit der gebutterten Seite nach unten drehen.

2 Diese umgedrehte Scheibe bis zum Rand mit der Hälfte des Käses bestreuen. Dann die Schinkenscheibe und den restlichen Käse daraufgeben. Mit der zweiten Brotscheibe – die gebutterte Seite nach oben – belegen.

3 Eine Pfanne bei mittlerer bis starker Temperatur erhitzen. Die Temperatur auf mittlere Hitze reduzieren. Das Sandwich 2–3 Minuten braten, bis es goldbraun ist.

4 Das Sandwich wenden und von der anderen Seite ebenfalls 2–3 Minuten braten, bis der Käse geschmolzen und das Brot goldbraun ist.

5 Das Sandwich halbieren und sofort servieren.

Brötchen mit Fleischklößen

Für 4 Personen | Vorbereitung: 25 Min. plus Kühlzeit | Garzeit: 25–30 Min.

Zutaten

Erdnussöl, zum Braten

1 EL Olivenöl

1 kleine Zwiebel, in Ringen

4 Baguettebrötchen

4 EL Mayonnaise

50 g Jalapeños (aus dem Glas), in Scheiben

2 EL Senf

Fleischklöße

450 g mageres Rinderhackfleisch

1 kleine Zwiebel, gerieben

2 Knoblauchzehen, zerdrückt

25 g feine Semmelbrösel

1 TL scharfe Chilisauce

Salz und Pfeffer

Weizenvollkornmehl, zum Bestäuben

Zubereitung

1 Hackfleisch, Zwiebel, Knoblauch, Semmelbrösel und Chilisauce in eine Schüssel geben, mit Salz und Pfeffer würzen und gründlich verkneten. Die Hände mit Mehl bestäuben und aus der Masse 20 kleine Klöße formen. Abgedeckt 10 Minuten (oder bis zur weiteren Verarbeitung) in den Kühlschrank stellen.

2 Etwas Erdnussöl in einem Wok oder einer schweren Pfanne stark erhitzen. Die Fleischklöße darin portionsweise 6–8 Minuten braten, bis sie fest und goldbraun sind. Zwischendurch häufig wenden. Mit einem Schaumlöffel herausnehmen, auf Küchenpapier abtropfen lassen und warm halten.

3 Das Olivenöl in einer sauberen Pfanne bei mittlerer Temperatur erhitzen. Die Zwiebel darin braten, bis sie goldbraun ist.

4 Die Brötchen aufschneiden, dabei nicht ganz durchschneiden. Auseinanderklappen, beide Brötchenhälften mit der Mayonnaise bestreichen. Die untere Hälfte mit Zwiebel, Fleischklößen und Jalapeños belegen, Senf daraufgeben und die beiden Hälften wieder zusammenklappen. Sofort servieren.

Fischstäbchen-Sandwiches mit Dressing

Für 2 Personen **Vorbereitung: 15 Min.** **Garzeit: 15 Min.**

Zutaten

Öl, zum Frittieren

20 Fischstäbchen

4 große Scheiben Weißbrot

100 g Rucola

Russisches Dressing

2 EL Mayonnaise

1 EL Sahnemeerrettich

1 EL Tomatenketchup

1 EL saure Sahne

1 EL scharfe Chilisauce (z.B. Sriracha)

1 TL Worcestersauce

½ TL geräuchertes Paprikapulver

Zubereitung

1 Alle Zutaten für das russische Dressing in einer kleinen Schüssel verrühren und beiseitestellen.

2 Reichlich Öl zum Frittieren in einem großen Topf oder einer Fritteuse auf 180–190 °C erhitzen (ein Brotwürfel sollte darin in 30 Sekunden knusprig braun werden).

3 Die Fischstäbchen portionsweise 5 Minuten frittieren, bis sie goldbraun sind. Mit einem Schaumlöffel herausnehmen, auf Küchenpapier abtropfen lassen und warm halten, bis alle Fischstäbchen frittiert sind.

4 2 Brotscheiben mit etwas Dressing bestreichen. Die Fischstäbchen darauflegen und mit dem restlichen Dressing beträufeln. Den Rucola darauf verteilen, die verbliebenen Brotscheiben darauflegen und sofort servieren.

Ofenkartoffeln mit Lachs

Für 4 Personen   Vorbereitung: 25 Min.   Garzeit: 1 Std. 20 Min.

Zutaten

4 große Kartoffeln (à 275 g)

250 g Lachsfilet ohne Haut

200 g Frischkäse

2–3 EL Milch

2 EL frisch gehackte Kräuter,
z.B. Dill oder Schnittlauch

60 g frisch geriebener
mittelalter Gouda

Salz und Pfeffer

Zubereitung

1 Den Backofen auf 200 °C vorheizen. Die Kartoffeln mehrmals mit einer Gabel einstechen, auf ein Backblech legen und auf der oberen Schiene 1¼ Stunden backen, bis die Schalen knusprig sind. Mit einem spitzen Messer oder Stäbchen testen, ob das Innere gar ist.

2 Inzwischen in einem Topf Wasser zum Kochen bringen. Die Temperatur reduzieren, bis das Wasser nur noch schwach kocht. Das Lachsfilet hineinlegen und 4–5 Minuten kochen, wenn es ein Stück ist. Kleinere Stücke so lange kochen, bis sie gar, aber noch saftig sind. Den Fisch aus dem Wasser nehmen und mit einer Gabel in einer Schüssel zerpflücken.

3 In einer anderen Schüssel den Frischkäse mit etwas Milch glatt rühren. Die Kräuter einrühren und mit Salz und Pfeffer abschmecken.

4 Wenn die Kartoffeln gar sind, den Grill auf hoher Stufe vorheizen. Die Kartoffeln längs halbieren. Das Innere vorsichtig aus den Schalen schaben und mit der Käsemischung verrühren. Die Schalen aufbewahren. Den Lachs unter die Käsemischung heben.

5 Die Füllung in die Kartoffelschalen füllen und mit dem Gouda bestreuen. Unter dem vorgeheizten Grill 1–2 Minuten überbacken, bis der Käse goldbraun ist und Blasen wirft. Sofort servieren.

Knusprige Kartoffeln mit Guacamole

Für 4 Personen

Vorbereitung: 25 Min. plus Abkühlzeit

Garzeit: 1 Std. 25 Min.

Zutaten

4 Ofenkartoffeln (à 250 g)

2 EL Olivenöl

Salz und Pfeffer

Guacamole

175 g reife Avocado

1 EL Zitronensaft

2 Tomaten, fein gehackt

1 TL abgeriebene Zitronenschale

100 g fettarmer Kräuterfrischkäse

4 Frühlingszwiebeln, fein gehackt

einige Tropfen Tabasco

Salz und Pfeffer

Zubereitung

1 Den Backofen auf 200 °C vorheizen. Die Kartoffeln mehrmals mit einer Gabel einstechen, auf ein Backblech legen und auf der oberen Schiene des vorgeheizten Ofens 1 Stunden backen, bis die Schalen knusprig und die Kartoffeln gar sind. Aus dem Ofen nehmen und 30 Minuten abkühlen lassen. Die Temperatur des Ofens auf 220 °C erhöhen.

2 Die Kartoffeln längs halbieren und 2 Esslöffel des Fruchtfleisches herauslöffeln. Die Hälften mit der Schnittseite nach oben auf ein Backblech setzen und mit dem Öl beträufeln. Mit Salz und Pfeffer bestreuen. Weitere 25 Minuten backen, bis die Kartoffeln goldbraun und knusprig sind. Auf einem Küchenpapier abtropfen lassen.

3 Für die Guacamole die Avocado zusammen mit dem Zitronensaft zerdrücken. Die restlichen Zutaten zufügen und alles vermengen. In eine Servierschüssel geben.

4 Die Kartoffelhälften heiß mit Guacamole servieren.

Babaghanoush

Für 6 Personen   Vorbereitung: 20–25 Min.   Garzeit: 1 Std.
plus Abkühlzeit

Zutaten

2 große Auberginen

1 Knoblauchzehe, gehackt

2 TL gemahlener Kreuzkümmel

4 EL Tahini

2 EL Zitronensaft

4 EL Naturjoghurt

2 EL frisch gehackter Koriander,
plus etwas mehr zum Garnieren

Zubereitung

1 Den Backofen auf 220 °C vorheizen. Die Auberginen rundum mit der Gabel einstechen und auf ein Backblech legen. 1 Stunde backen, bis die Auberginen sehr weich sind. Aus dem Ofen nehmen und abkühlen lassen.

2 Die Auberginen häuten und die Haut wegwerfen. Die Auberginen grob hacken und in die Küchenmaschine geben. Knoblauch, Kreuzkümmel, Tahini, Zitronensaft, Joghurt und Koriander zugeben und alles zu einem glatten Püree verarbeiten. Die Maschine zwischendurch stoppen, um am Rand haftende Zutaten abzustreichen.

3 Die Auberginencreme in eine Servierschüssel geben, mit etwas Koriander garnieren und servieren.

Hummus

Für 6 Personen   Vorbereitung: 20 Min.   Garzeit: Keine

Zutaten

400 g Kichererbsen aus der Dose, abgespült und abgetropft

1 Knoblauchzehe, mit ¼ TL Salz zerdrückt

3–4 EL Tahini

2–4 EL frisch gepresster Zitronensaft

¼ TL gemahlener Kreuzkümmel

natives Olivenöl extra (nach Belieben), plus etwas mehr zum Servieren

Salz

Paprikapulver und frisch gehackte Petersilie, zum Servieren

Zubereitung

1 Die Kichererbsen in die Küchenmaschine geben; dabei 1 Esslöffel zurückbehalten. Den Knoblauch zugeben und beides zusammen zu einer groben Paste verarbeiten. 3 Esslöffel Tahini zufügen und einarbeiten. 2 Esslöffel Zitronensaft, Kreuzkümmel und Salz zugeben und alles zu einer cremigen Paste verarbeiten. Nach Belieben noch etwas Tahini und Zitronensaft zugeben. Wenn der Dip dünnflüssiger sein soll, bei laufender Maschine etwas Öl zugießen, bis die gewünschte Konsistenz erreicht ist.

2 Vor dem Servieren in eine Servierschüssel umfüllen. Mit einem Löffelrücken eine Mulde in die Mitte drücken. Die restlichen Kichererbsen in die Vertiefung geben, mit Öl beträufeln und mit Paprika und Petersilie garnieren.

Rote-Bete-Zaziki-Schiffchen

Für 4 Personen   Vorbereitung: 15–20 Min.   Garzeit: Keine

Zutaten

120 g gegarte Rote Bete
(Abtropfgewicht), gewürfelt

150 g Salatgurke, gewürfelt

40 g Radieschen, gewürfelt

1 Frühlingszwiebel, fein gehackt

12 kleine Mini-Romanasalatblätter

Dressing

150 g fettarmer griechischer Joghurt
(2 % Fett)

¼ TL gemahlener Kreuzkümmel

½ TL Honig

2 EL fein gehackte frische Minze

Salz und Pfeffer

Zubereitung

1 Für das Dressing Joghurt, Kreuzkümmel, Honig und Minze in
einer Schüssel verrühren. Mit Salz und Pfeffer abschmecken.

2 Rote Bete, Gurke, Radieschen und Frühlingszwiebel unterheben.

3 Die Salatblätter auf eine Servierplatte setzen und mit der Rote-
Bete-Mischung füllen. Sofort servieren.

Räuchermakrelenpüree

Für 4 Personen
Vorbereitung: 20 Min. plus Kühlzeit
Garzeit: 6–8 Min.

Zutaten

250 g geräucherte Makrelenfilets ohne Haut, zerpflückt und kleine Gräten entfernt

125 g Seidentofu

2 EL Zitronensaft

1 TL geriebener Meerrettich (nach Belieben)

1 EL frisch gehackter Dill oder Schnittlauchröllchen, plus etwas mehr zum Garnieren

4 Scheiben Vollkorntoast

Pfeffer

Zubereitung

1 Makrele, Tofu, Zitronensaft und Meerrettich, falls verwendet, in einem Mixer glatt pürieren. Mit Pfeffer abschmecken. Salz ist nicht nötig, weil die Makrele salzig ist.

2 Den Dill oder Schnittlauch unterrühren. Das Püree in eine Schüssel geben, abdecken und vor dem Servieren 10 Minuten in den Kühlschrank stellen. Mit etwas Dill oder Schnittlauch garnieren.

3 Inzwischen den Backofengrill auf hoher Stufe vorheizen. Das Brot von beiden Seiten rösten, bis es leicht gebräunt ist. Mit einem langen Sägemesser die Rinde abschneiden, dann jede Scheibe waagerecht durchschneiden. Jedes Stück diagonal in zwei Dreiecke schneiden. Die ungerösteten Seiten unter dem Grill rösten, bis sie goldbraun sind und die Ränder sich hochbiegen. Mit dem Püree servieren.

Couscous-Salat mit gegrilltem Kürbis

Für 4 Personen   Vorbereitung: 25–30 Min.   Garzeit: 30–40 Min.

Zutaten

2 EL Honig

4 EL Olivenöl

1 Butternutkürbis, in 2 cm großen Würfeln

250 g Couscous

400 ml heiße Gemüsebrühe

½ Salatgurke, gewürfelt

1 Zucchini, gewürfelt

1 rote Paprika, gewürfelt

Saft von ½ Zitrone

2 EL frisch gehackte Petersilie

Salz und Pfeffer

Zubereitung

1 Den Backofen auf 190 °C vorheizen. Die Hälfte des Honigs mit 1 Esslöffel Öl in einer großen Schüssel verrühren, die Kürbisstücke zugeben und alles gut vermengen. Dann alles in einen Bräter geben und im vorgeheizten Ofen 30–40 Minuten backen, bis die Kürbiswürfel goldbraun und gar sind.

2 Den Couscous unterdessen in eine Auflaufform geben. Die Brühe über den Couscous gießen. Abgedeckt 3 Minuten ziehen lassen. 1 Esslöffel des restlichen Öls zugeben und gut verrühren, dann mit Gurke, Zucchini und Paprika vermengen. Abgedeckt warm stellen.

3 Restlichen Honig und verbliebenes Öl mit dem Zitronensaft in einer Rührschüssel verquirlen und mit Salz und Pfeffer abschmecken. Die Mischung unter den Couscous ziehen.

4 Die Kürbismischung auf den Couscous-Salat geben und mit Petersilie garniert servieren.

Nudelsalat mit gerösteten Paprika

Für 4 Personen   Vorbereitung: 20 Min.   Garzeit: 15 Min.

Zutaten

1 rote Paprika

1 orangefarbene Paprika

280 g Conchiglie

75 ml natives Olivenöl extra

2 EL Zitronensaft

2 EL Pesto

1 Knoblauchzehe, zerdrückt

3 EL zerzupfte frische
Basilikumblätter

Salz und Pfeffer

Zubereitung

1 Den Backofengrill vorheizen. Die Paprika auf ein Backblech legen und unter dem Grill 15 Minuten rösten, bis sie rundum schwarz sind, dabei häufig wenden. Die Paprika in eine Schüssel legen, mit Folie abdecken und beiseitestellen.

2 In der Zwischenzeit in einem großen Topf leicht gesalzenes Wasser zum Kochen bringen. Die Conchiglie zufügen, das Wasser wieder aufkochen und die Nudeln 8–10 Minuten kochen, bis sie al dente sind.

3 Olivenöl, Zitronensaft, Pesto und Knoblauch in einer Schüssel gründlich verrühren. Die Nudeln abgießen und noch heiß mit der Pesto-Mischung verrühren. Beiseitestellen.

4 Von den abgekühlten Paprika die Haut abziehen, die Paprika aufschneiden und entkernen. Das Fruchtfleisch grob hacken und mit dem Basilikum zu den Nudeln geben. Mit Salz und Pfeffer abschmecken und alles gut vermengen. Den Salat auf Zimmertemperatur abgekühlt servieren.

Kartoffelsalat mit Kräutern

Für 4 Personen | Vorbereitung: 20 Min. plus Abkühlzeit | Garzeit: 15 Min.

Zutaten

500 g neue Kartoffeln

16 Cocktailtomaten, halbiert

50 g schwarze Oliven, entsteint und grob gehackt

4 Frühlingszwiebeln, in dünnen Ringen

2 EL frisch gehackte Minze

2 EL frisch gehackte Petersilie

2 EL frisch gehackter Koriander

Saft von 1 Zitrone

3 EL natives Olivenöl extra

Salz und Pfeffer

Zubereitung

1 Die Kartoffeln in einem Topf mit leicht gesalzenem Wasser 15 Minuten kochen, bis sie gar sind. Abgießen, etwas abkühlen lassen und pellen. Je nach Größe die Kartoffeln halbieren oder vierteln.

2 Kartoffeln, Tomaten, Oliven, Frühlingszwiebeln und Kräuter in einer Schüssel mischen.

3 Zitronensaft und Öl in einer kleinen Schüssel verrühren und über den Kartoffelsalat gießen. Mit Salz und Pfeffer abschmecken und servieren.

Bang-Bang-Hühnchensalat

Für 4 Personen   Vorbereitung: 20 Min.   Garzeit: 3–5 Min.

Zutaten

225 g Chinakohl, grob zerkleinert

2 Karotten, in dünnen Stiften

½ Salatgurke, entkernt und in dünnen Stiften

50 g Bohnensprossen

400 g gegartes, entbeintes Hühnerfleisch, gewürfelt

1 EL geröstete Sesamsaat

1 EL gesalzene Erdnüsse, gehackt

Dressing

4 EL feine Erdnussbutter

2 EL süße Chilisauce

1 EL Sojasauce

1 EL Reisessig

1 EL Sonnenblumenöl

1 EL geröstetes Erdnussöl

Zubereitung

1 Für das Dressing die Erdnussbutter in eine hitzebeständige Schüssel geben. Die Schüssel über einem Wasserbad sanft erhitzen, bis die Erdnussbutter geschmolzen ist. Dann Chilisauce, Sojasauce und Reisessig unterrühren. Vom Herd nehmen und nach und nach Sonnenblumen- und Erdnussöl unterrühren, bis eine glatte, gießbare Konsistenz erreicht ist.

2 Die Chinakohlblätter in eine Schüssel geben. Karotten, Gurke und Bohnensprossen zufügen. Mit dem Hühnerfleisch belegen und mit dem warmen Dressing beträufeln. Alles gut vermengen.

3 Mit Sesamsaat und Erdnüssen bestreuen und sofort servieren.

Linsensalat mit Thunfisch

Für 4 Personen   Vorbereitung: 20 Min.   Garzeit: Keine

Zutaten

2 Tomaten

1 kleine rote Zwiebel

1 kleines Bund frischer Koriander

400 g grüne Linsen aus der Dose, abgespült und abgetropft

180 g Thunfisch aus der Dose (in Lake eingelegt), abgetropft

Pfeffer

Dressing

3 EL natives Olivenöl extra

1 EL Zitronensaft

1 TL körniger Senf

1 Knoblauchzehe, zerdrückt

½ TL gemahlener Kreuzkümmel

½ TL gemahlener Koriander

Zubereitung

1 Die Tomaten mit einem scharfen Messer entkernen und fein würfeln. Zwiebel und frischen Koriander fein hacken.

2 Für das Dressing Öl, Zitronensaft, Senf, Knoblauch, Kreuzkümmel und gemahlenen Koriander in einer kleinen Schüssel gut verrühren. Beiseitestellen.

3 Gehackte Zwiebel, gewürfelte Tomaten und abgetropfte Linsen in einer großen Schüssel mischen.

4 Den Thunfisch mit einer Gabel zerpflücken und mit dem Gemüse mischen. Den frischen Koriander unterrühren.

5 Das Dressing darübergießen und den Salat mit Pfeffer abschmecken. Sofort servieren.

Hühnersuppe mit Nudeln

Für 6 Personen   Vorbereitung: 15 Min.   Garzeit: 35–40 Min.

Zutaten

2 Hähnchenbrustfilets

1,2 l Wasser oder Hühnerbrühe

3 Karotten, in 5 mm dicken Scheiben

80 g Eiernudeln

Salz und Pfeffer

frische Estragonblätter, zum Garnieren (nach Belieben)

Zubereitung

1 Die Hähnchenbrüste in einen großen Topf geben, das Wasser zugießen und dieses bei mittlerer Temperatur zum Kochen bringen. 25–30 Minuten garen. Aufsteigenden Schaum von der Oberfläche abschöpfen. Das Fleisch aus der Flüssigkeit nehmen und warm halten.

2 Karotten und Nudeln in die köchelnde Flüssigkeit geben und 4–5 Minuten garen.

3 Das Fleisch in feine Streifen schneiden und in vorgewärmte Suppenschalen legen.

4 Die Brühe mit Salz und Pfeffer abschmecken und über das Fleisch gießen. Nach Belieben mit Estragon garnieren. Sofort servieren.

Linsensuppe mit Schinken

Für 2 Personen   Vorbereitung: 15 Min.   Garzeit: 25 Min.

Zutaten

200 g Kochschinken

1 EL Pflanzenöl

1 Zwiebel, fein gehackt

1 Knoblauchzehe, fein gehackt

1 Karotte, fein gewürfelt

1 Selleriestange, in dünnen Scheiben

400 g grüne Linsen aus der Dose, abgespült und abgetropft

1 TL fein gehackte Rosmarinblätter

600 ml Gemüsebrühe oder Schinkenbrühe

Pfeffer

Zubereitung

1 Den Schinken mit zwei Gabeln zerpflücken und beiseitestellen.

2 Das Öl in einem Topf bei mittlerer bis hoher Temperatur erhitzen. Zwiebel, Knoblauch, Karotte und Sellerie darin 4–5 Minuten anbraten, bis das Gemüse beginnt weich zu werden.

3 Linsen, Rosmarin, Schinken und Brühe zufügen und mit Pfeffer würzen. Abdecken und 20 Minuten köcheln lassen, bis das Gemüse gerade gar ist. Sofort servieren.

Schottische Graupensuppe

Für 8 Personen   Vorbereitung: 25–30 Min. plus Abkühl– und Kühlzeit   Garzeit: 2 Std. 20 Min.

Zutaten

700 g Lammfleisch vom Nacken

1,7 l Wasser

50 g Perlgraupen

2 Zwiebeln, gehackt

1 Knoblauchzehe, fein gehackt

3 kleine Rüben, gewürfelt

3 Karotten, in dünnen Scheiben

2 Selleriestangen, in dünnen Scheiben

2 Porreestangen, in Ringen

Salz und Pfeffer

2 EL frisch gehackte Petersilie, zum Garnieren

Zubereitung

1 Das Fleisch würfeln, dabei das sichtbare Fett entfernen.

2 Das Fleisch in einem großen Topf mit dem Wasser bedecken. Das Wasser bei mittlerer Temperatur zum Kochen bringen und aufsteigenden Schaum abschöpfen. Die Perlgraupen zufügen. Die Temperatur reduzieren und die Suppe abgedeckt 1 Stunde köcheln lassen.

3 Zwiebeln, Knoblauch und Gemüse zugeben und mit Salz und Pfeffer abschmecken. 1 weitere Stunde köcheln lassen.

4 Das Fleisch mit einem Schaumlöffel aus dem Topf nehmen, von den Knochen lösen und in mundgerechte Stücke schneiden. Knochen, Fett und Sehnen wegwerfen. Das Fleisch wieder in den Topf geben und die Suppe abkühlen lassen. Dann über Nacht in den Kühlschrank stellen.

5 Das erstarrte Fett von der Oberfläche der Suppe abnehmen. Aufwärmen, mit Salz und Pfeffer abschmecken und in Suppenschalen füllen. Mit Petersilie garnieren und sofort servieren.

Gemüsesuppe mit Biss

Für 4 Personen   Vorbereitung: 15 Min.   Garzeit: 20–25 Min.

Zutaten

1 rote Zwiebel

1 Selleriestange

1 Zucchini

2 Karotten

2 EL Sonnenblumenöl

400 g gehackte Tomaten aus der Dose

300 ml Hühner- oder Gemüsebrühe

1 großer frischer Thymianzweig, plus einige gehackte Thymianblätter zum Garnieren

Salz und Pfeffer

Zubereitung

1 Zwiebel, Sellerie, Zucchini und Karotten in 1 cm große Würfel schneiden.

2 Das Öl in einem großen Topf bei mittlerer Temperatur erhitzen. Das Gemüse darin unter ständigem Rühren 5 Minuten garen, aber nicht braun werden lassen.

3 Tomaten, Brühe und Thymianzweig zufügen. Die Brühe zum Kochen bringen, dann die Temperatur reduzieren. Abdecken und 10–15 Minuten köcheln lassen, bis das Gemüse gerade gar ist. Den Thymianzweig herausnehmen. Die Suppe mit Salz und Pfeffer abschmecken.

4 In vorgewärmte Suppenschalen füllen. Mit gehacktem Thymian garnieren und sofort servieren.

Karottensuppe mit Koriander

Für 6 Personen   Vorbereitung: 15 Min.   Garzeit: 45 Min.

Zutaten

3 EL Olivenöl

1 rote Zwiebel, gehackt

1 große Kartoffel, gehackt

1 Selleriestange, gehackt

500 g Karotten, gehackt

1 l Gemüsebrühe

25 g Butter

2 TL Koriandersamen, zerdrückt

1½ EL frisch gehackter Koriander, plus etwas mehr zum Garnieren

225 ml Milch

Salz und Pfeffer

Zubereitung

1 Das Öl in einem großen Topf erhitzen. Die Zwiebel darin bei niedriger Temperatur unter gelegentlichem Rühren 5 Minuten dünsten, bis sie weich ist.

2 Kartoffel und Sellerie zugeben und unter gelegentlichem Rühren 5 Minuten mitgaren. Dann die Karotten zufügen und weitere 5 Minuten garen. Abdecken. Die Temperatur stark reduzieren und das Gemüse 10 Minuten dünsten. Den Topf gelegentlich rütteln.

3 Die Brühe zugießen und zum Kochen bringen, dann abdecken und 10 Minuten köcheln lassen, bis das Gemüse gar ist.

4 Inzwischen die Butter in einer Pfanne zerlassen. Die Koriandersamen darin unter ständigem Rühren 1 Minute rösten. Den gehackten Koriander zugeben und unter ständigem Rühren 1 Minute mitbraten. Vom Herd nehmen.

5 Die Suppe vom Herd nehmen und etwas abkühlen lassen. Im Mixer glatt pürieren – falls nötig, portionsweise. Die Suppe zurück in den ausgespülten Topf geben, Koriandermischung und Milch einrühren und mit Salz und Pfeffer abschmecken. Behutsam erhitzen, mit gehacktem Koriander bestreuen und servieren.

Kürbissuppe mit Käsebaguette

Für 4 Personen   Vorbereitung: 25–30 Min.   Garzeit: 1 Std. 5 Min.–
1 Std. 15 Min.

Zutaten

1 kg Butternutkürbis, gewürfelt

2 Zwiebeln, in Spalten

2 EL Olivenöl

2 Knoblauchzehen, zerdrückt

3–4 frische Thymianzweige, Blätter abgezupft

1 l Gemüsebrühe

150 g Crème fraîche

Salz und Pfeffer

Schnittlauchröllchen, zum Garnieren

Käsebaguette

1 Baguette, diagonal in dünne Scheiben geschnitten

40 g frisch geriebener Gouda

Zubereitung

1 Den Backofen auf 190 °C vorheizen. Kürbis, Zwiebeln, Öl, Knoblauch und Thymian auf ein Backblech geben, mischen und in einer Lage auslegen. Unter gelegentlichem Rühren 50–60 Minuten im Ofen rösten, bis das Gemüse zart und teilweise karamellisiert ist.

2 Das Gemüse mit der Hälfte der Brühe in einen Topf geben und mit einem Pürierstab glatt pürieren. Alternativ im Mixer pürieren und dann in den Topf geben. Restliche Brühe und Crème fraîche einrühren. Mit Salz und Pfeffer würzen und sanft erhitzen.

3 Den Backofengrill vorheizen. Die Baguettescheiben 1–2 Minuten von jeder Seite rösten, bis sie leicht gebräunt sind. Mit dem Käse bestreuen und weitere 30–40 Sekunden überbacken, bis der Käse schmilzt und Blasen wirft.

4 Die Suppe auf vorgewärmte Suppenschalen verteilen, mit Schnittlauch garnieren und sofort mit den Käsebaguettescheiben servieren.

Variation

Statt Butternutkürbis kannst Du auch Hokkaidokürbis nehmen und die Suppe mit Kürbiskernen statt Schnittlauch garnieren.

Klassiker –
fast wie zu Hause

Chili con Carne

Für 4 Personen   Vorbereitung: 15 Min.   Garzeit: 25 Min.

Zutaten

200 g Basmatireis

2 EL Olivenöl

1 große Zwiebel, in Ringen

500 g mageres Rinderhackfleisch

1 Knoblauchzehe, zerdrückt

400 g gehackte Tomaten aus der Dose

400 g rote Kidneybohnen aus der Dose, abgespült und abgetropft

200 ml Rinderbrühe

2 EL Tomatenmark

2 TL Chiliflocken

Salz und Pfeffer

Zubereitung

1 Den Reis in einem Topf mit leicht gesalzenem Wasser 10–12 Minuten kochen, bis er gar ist. Abgießen.

2 Inzwischen das Öl in einem großen Topf bei hoher Temperatur erhitzen. Zwiebel und Hackfleisch darin unter häufigem Rühren gleichmäßig braun braten, dabei das Hackfleisch mit einem Kochlöffel zerdrücken.

3 Den Knoblauch einrühren, dann Tomaten, Bohnen, Brühe, Tomatenmark und Chiliflocken zufügen. Unter ständigem Rühren aufkochen, dann die Temperatur reduzieren, den Topf abdecken und das Chili 15 Minuten unter gelegentlichem Rühren garen. Mit Salz und Pfeffer abschmecken.

4 Sofort mit dem Reis servieren.

Variation
Wenn der Hunger sehr groß ist, in Schritt 3 zusätzlich 400 g abgetropfte Kichererbsen aus der Dose zugeben.

Hackbraten

Für 6–8 Personen

Vorbereitung: 25–30 Min. plus Abkühlzeit

Garzeit: 1 Std. 15 Min.– 1 Std. 25 Min. plus Ruhezeit

Zutaten

25 g Butter

1 EL Olivenöl, plus etwas mehr zum Einfetten

3 Knoblauchzehen, fein gehackt

100 g Karotten, sehr fein gehackt

50 g Sellerie, sehr fein gehackt

1 Zwiebel, sehr fein gehackt

1 rote Paprika, sehr fein gehackt

4 große weiße Champignons, sehr fein gehackt

1 TL getrockneter Thymian

2 TL frisch gehackter Rosmarin

1 TL Worcestersauce

6 EL Tomatenketchup

½ TL Cayennepfeffer

1 kg Rinderhackfleisch, gekühlt

2 Eier, verquirlt

50 g frische Semmelbrösel

2 EL brauner Zucker

1 EL Dijon-Senf

Salz und Pfeffer

Zubereitung

1 Die Butter mit Öl und Knoblauch in einer großen Pfanne erhitzen. Das Gemüse zugeben und bei mittlerer Temperatur unter häufigem Rühren 10 Minuten dünsten, bis die Flüssigkeit weitgehend verdunstet ist. Vom Herd nehmen. Kräuter, Worcestersauce, 4 Esslöffel Tomatenketchup und Cayennepfeffer einrühren. Abkühlen lassen.

2 Den Backofen auf 160 °C vorheizen. Eine Kastenform mit Öl einfetten.

3 Das Hackfleisch in eine große Schüssel geben und mit den Fingern auflockern. Gemüsemischung und Eier zugeben, mit Salz und Pfeffer würzen und alles sorgfältig verkneten. Die Semmelbrösel unterkneten. Die Masse in die Form geben, die Oberfläche glatt streichen und im vorgeheizten Ofen 30 Minuten backen.

4 Inzwischen für die Glasur Zucker, die restlichen 2 Esslöffel Tomatenketchup, Senf und 1 Prise Salz verrühren.

5 Den Hackbraten aus dem Ofen nehmen und gleichmäßig mit der Glasur bestreichen. Wieder in den Ofen schieben und weitere 35–45 Minuten backen, bis er durchgegart ist. Aus dem Ofen nehmen und mindestens 15 Minuten ruhen lassen. In dicke Scheiben schneiden und servieren.

Schnelles Rinderragout

Für 4 Personen   Vorbereitung: 20 Min.   Garzeit: 35 Min.

Zutaten

900 g Rindfleisch zum
Pfannenrühren, in Streifen

3 EL Mehl

2 EL Olivenöl

1 große Zwiebel, gewürfelt

2 Knoblauchzehen, fein gehackt

225 ml Rotwein

450 g Champignons, geviertelt

450 g neue Kartoffeln, gewürfelt

4 Karotten, gewürfelt

2 Selleriestangen, gewürfelt

700 ml Rinderbrühe

3 EL Tomatenmark

1 EL frisch gehackte Thymianblätter

2 EL frisch gehackte
Petersilienblätter

Salz und Pfeffer

Zubereitung

1   Die Rindfleischstreifen mit ½ Teelöffel Salz und ½ Teelöffel Pfeffer würzen. Dann in dem Mehl wenden.

2   Das Öl in einem großen Topf auf mittlerer bis hoher Stufe erhitzen. Das Fleisch zugeben und unter häufigem Rühren 4 Minuten bräunen. Zwiebel und Knoblauch zufügen und 2–3 Minuten mitbraten, bis die Zwiebel weich wird. Den Wein zugießen und zum Kochen bringen. Umrühren und dabei den Bratensatz vom Topfboden lösen.

3   Das Gemüse mit 1 Teelöffel Salz, ½ Teelöffel Pfeffer, Brühe, Tomatenmark und Thymian in den Topf geben. Aufkochen, dann die Hitze reduzieren. Abgedeckt etwa 15 Minuten schmoren, bis das Gemüse gar ist.

4   Den Deckel vom Topf nehmen und alles noch weitere 5 Minuten köcheln lassen, bis die Sauce leicht angedickt ist. Die Petersilie einrühren und falls nötig mit Salz und Pfeffer abschmecken. Das Ragout heiß servieren.

Rinderrollbraten

Für 6 Personen   Vorbereitung: 30 Min.   Garzeit: 3 Std. 40 Min.

Zutaten

2½ EL Mehl

1,6 kg Rinderrollbraten aus der Brust

2 EL Pflanzenöl

25 g Butter

1 Zwiebel, fein gehackt

2 Selleriestangen, gewürfelt

2 Karotten, gewürfelt

1 TL Dillsamen

1 TL getrockneter Thymian

350 ml Rotwein

150–225 ml Rinderbrühe

4–5 Kartoffeln, in großen Stücken und vorgegart

Salz und Pfeffer

2 EL frisch gehackter Dill, zum Garnieren

Zubereitung

1 Den Backofen auf 140 °C vorheizen. 2 Esslöffel Mehl mit 1 Teelöffel Salz und ¼ Teelöffel Pfeffer auf einem großen flachen Teller mischen und den Braten darin wenden.

2 Das Öl in einem großen Bräter erhitzen, das Fleisch von allen Seiten darin anbraten und dann auf eine Platte heben. Die Hälfte der Butter in den Bräter geben. Zwiebel, Sellerie, Karotten, Dillsamen und Thymian darin 5 Minuten dünsten.

3 Das Fleisch samt ausgetretenem Saft wieder in den Bräter geben. Wein und so viel Brühe zugießen, dass das Fleisch bis zu einem Drittel bedeckt ist. Dann aufkochen.

4 Abdecken und 3 Stunden im Backofen schmoren, dabei das Fleisch alle 30 Minuten wenden. Nach 2 Stunden die Kartoffeln und, falls erforderlich, etwas Brühe zufügen.

5 Braten und Gemüse auf einer vorgewärmten Servierplatte anrichten. Den Bratensud durch ein Sieb in einen Topf gießen. Die restliche Butter mit dem restlichen Mehl verkneten. Den Bratensud aufkochen und die Mehlbutter unter ständigem Rühren in kleinen Portionen zugeben. Rühren, bis die Sauce glatt ist. Die Sauce über Fleisch und Gemüse gießen und alles mit dem Dill garnieren.

Sloppy Joes

Für 4 Personen   Vorbereitung: 15–20 Min.   Garzeit: 40 Min.

Zutaten

450 g Rinderhackfleisch

1 Zwiebel, gehackt

1 Knoblauchzehe, gehackt

1 grüne Paprika, gehackt

1 EL Senf

175 ml Ketchup

1 TL weißer Essig

1 EL brauner Zucker

1 Prise Chilipulver, gemahlene
Gewürznelke oder Paprikapulver
(nach Belieben)

4 Hamburgerbrötchen, halbiert

Salz und Pfeffer

Zubereitung

1 Eine beschichtete Pfanne erhitzen. Hackfleisch, Zwiebel, Knoblauch und Paprika darin bei mittlerer Hitze 8–10 Minuten gleichmäßig bräunen. Dabei häufig rühren und Klümpchen mit einem Holzlöffel zerdrücken. Das Fett abgießen.

2 Senf, Ketchup, Essig, Zucker und Gewürze, falls verwendet, untermischen. Mit Salz und Pfeffer würzen. Die Hitze reduzieren und alles unter gelegentlichem Rühren 30 Minuten garen.

3 Die Mischung auf die Brötchen verteilen und sofort servieren.

Rindfleisch-Sandwiches mit Senf

Für 2 Personen   Vorbereitung: 15–20 Min.   Garzeit: 25–30 Min.
plus Ruhezeit

Zutaten

15 g Butter

2 EL Olivenöl

1 Zwiebel, halbiert und in dünnen Ringen

½ TL brauner Zucker

2 Rumpsteaks (à 175 g und 2 cm dick)

1 TL grob gemahlener schwarzer Pfeffer

4 EL Mayonnaise

2 TL Senf

4 dicke Scheiben knuspriges Brot

25 g Rucolablätter

Salz und Pfeffer

Zubereitung

1 Die Butter und die Hälfte des Öls in einer Pfanne erhitzen und die Zwiebel darin bei niedriger Temperatur 10 Minuten dünsten, bis sie weich ist. Mit Salz und Pfeffer würzen und den Zucker darüberstreuen. Die Temperatur etwas erhöhen und 5 Minuten karamellisieren, bis die Zwiebelringe goldbraun sind.

2 Eine Grillpfanne bei hoher Temperatur erhitzen. Die Steaks mit dem restlichen Öl beträufeln, mit schwarzem Pfeffer bestreuen und leicht salzen. In die Pfanne legen und bei hoher Temperatur von jeder Seite 3–5 Minuten braten, je nach gewünschtem Gargrad. Die Steaks aus der Pfanne nehmen und abgedeckt an einem warmen Platz 10 Minuten ruhen lassen.

3 Mayonnaise und Senf verrühren und zwei Brotscheiben dick damit bestreichen. Die Rucolablätter darauf verteilen. Die Steaks mit einem scharfen Messer schräg in dünne Scheiben schneiden. Das Fleisch auf die Rucolablätter legen und die karamellisierten Zwiebelringe darauf verteilen. Die beiden anderen Brotscheiben darauflegen und sofort servieren.

Schweinekoteletts mit Apfelsauce

Für 4 Personen Vorbereitung: 20 Min. Garzeit: 20–25 Min. plus Ruhezeit

Zutaten

4 Schweinekoteletts mit Knochen (à 3 cm dick), zimmerwarm

1½ EL Sonnenblumenöl

Salz und Pfeffer

Apfelsauce

450 g Kochäpfel, z. B. Boskop, geschält, entkernt und gewürfelt

4 EL Zucker (nach Geschmack)

abgeriebene Schale von ½ Zitrone

½ EL Zitronensaft (nach Geschmack)

4 EL Wasser

¼ TL Zimt

1 TL Butter

Zubereitung

1 Den Backofen auf 200 °C vorheizen.

2 Für die Sauce Äpfel, Zucker, Zitronenschale, Zitronensaft und Wasser in einem Topf bei hoher Temperatur zum Kochen bringen. Dabei rühren, bis sich der Zucker aufgelöst hat. Auf niedrige Temperatur umschalten, abdecken und 15–20 Minuten köcheln lassen, bis die Äpfel weich sind. Zimt und Butter untermischen. Die Sauce nach Belieben glatt rühren oder stückig lassen. Mit Zucker oder Zitronensaft abschmecken. Den Topf vom Herd nehmen und abgedeckt warm halten.

3 Inzwischen die Koteletts trocken tupfen und mit Salz und Pfeffer würzen. Das Öl in einer großen, ofenfesten Pfanne bei mittlerer bis hoher Temperatur erhitzen. Die Koteletts darin von jeder Seite 3 Minuten braten, bis sie braun sind.

4 Die Pfanne in den Ofen schieben und die Koteletts 7–9 Minuten backen, bis sie gar sind. Aus dem Backofen nehmen, mit Alufolie abdecken und 3 Minuten ruhen lassen. Die Apfelsauce, falls nötig, nochmals vorsichtig erhitzen.

5 Die Koteletts auf Teller legen, mit dem Bratensaft übergießen und mit der Apfelsauce servieren.

Poularde mit Thymiankruste

Für 6 Personen   Vorbereitung: 20 Min.   Garzeit: 2 Std. 5 Min. plus Ruhezeit

Zutaten

1 küchenfertige Poularde (2,25 kg)

50 g Butter

2 EL frisch gehackter Zitronen-thymian, plus einige Zweige zum Garnieren

1 Zitrone, geviertelt

125 ml Weißwein

Salz und Pfeffer

Zubereitung

1   Den Backofen auf 220 °C vorheizen. Die Poularde in einen Bräter legen.

2   Die Butter in einer Schale mit einer Gabel zerdrücken und den Thymian einarbeiten. Mit Salz und Pfeffer würzen. Die Poularde innen und außen mit der Thymianbutter bestreichen.

3   Die Zitronenviertel in den Bauchraum geben. Die Poularde mit dem Weißwein übergießen. Im vorgeheizten Ofen 15 Minuten auf mittlerer Schiene braten.

4   Die Temperatur auf 190 °C reduzieren und die Poularde unter häufigem Übergießen mit dem Weißwein-Bratensaft weitere 1¾ Stunden braten.

5   Zur Garprobe einen Spieß in die dickste Stelle des Schenkels stechen. Der austretende Fleischsaft darf nicht mehr rosa oder rot, sondern sollte klar und dampfend heiß sein. Den Schenkel vorsichtig vom Körper wegziehen, dabei sollten keine Spuren von Rosafärbung oder Blut sichtbar sein und der Schenkel sollte sich auch ohne großen Widerstand bewegen lassen. Die Poularde auf eine vorgewärmte Servierplatte heben, mit Alufolie abdecken und 10 Minuten ruhen lassen.

6 Den Bräter auf den Herd setzen und den Bratensaft bei niedriger Hitze zu einer dicken Sauce einkochen. Mit Salz und Pfeffer abschmecken und warm halten.

7 Zum Tranchieren die Poularde auf ein Schneidebrett legen. Mit Tranchiergabel und -messer die Flügel abtrennen und das Brustfleisch in Scheiben schneiden. Die Beine an den Gelenken durchtrennen und abschneiden. Dann die Unterschenkel an den Gelenken abtrennen.

8 Mit Thymianzweigen garnieren und mit der Bratensauce servieren.

Hähnchenpastete

Für 4 Personen   Vorbereitung: 20 Min.   Garzeit: 25–30 Min.

Zutaten

2 EL Olivenöl

450 g Hähnchenbrustfleisch, in Streifen

175 g kleine Champignons

1 Bund Frühlingszwiebeln, gehackt

120 g Crème fraîche

4 EL Hühnerbrühe

375 g fertig ausgerollter, ungesüßter Mürbeteig

verquirltes Ei oder Milch, zum Bestreichen

Salz und Pfeffer

Zubereitung

1 Den Backofen auf 220 °C vorheizen. Ein Backblech zum Vorwärmen in den Ofen schieben.

2 Das Öl in einer großen Pfanne bei hoher Temperatur erhitzen. Das Fleisch darin 2–3 Minuten unter häufigem Rühren braten. Pilze und Frühlingszwiebeln zufügen und weitere 2 Minuten braten.

3 Crème fraîche und Brühe zugeben, mit Salz und Pfeffer würzen. Dann alles in eine flache Auflaufform (1,4 l) umfüllen.

4 Mit dem Teig abdecken und den Teig mit den Fingern fest an den inneren Formrand drücken. In die Mitte einen kleinen Schlitz schneiden. Den Teig mit verquirltem Ei oder Milch bestreichen.

5 Die Form auf das vorgewärmte Backblech stellen und die Pastete 20–25 Minuten im Ofen backen, bis der Teig goldbraun und fest ist. Auf vorgewärmten Tellern anrichten und sofort servieren.

Hühnchen-Tajine

Für 4 Personen   Vorbereitung: 20 Min.   Garzeit: 35–40 Min.

Zutaten

1 EL Olivenöl

1 Zwiebel, in kleinen Spalten

2–4 Knoblauchzehen, in Scheiben

450 g Hähnchenbrustfilet, gewürfelt

1 TL gemahlener Kreuzkümmel

2 Zimtstangen, leicht angedrückt

1 EL Weizenvollkornmehl

225 g Auberginen, gewürfelt

1 rote Paprika, gehackt

100 g kleine Champignons, in Scheiben

1 EL Tomatenmark

600 ml Hühnerbrühe

280 g Kichererbsen aus der Dose, abgespült und abgetropft

50 g getrocknete Aprikosen, gehackt

Salz und Pfeffer

1 EL frisch gehackter Koriander, zum Garnieren

Zubereitung

1 Das Öl in einer großen Pfanne bei mittlerer Temperatur erhitzen und Zwiebel und Knoblauch darin unter häufigem Rühren 3 Minuten braten. Das Hühnerfleisch zugeben und unter ständigem Rühren 5 Minuten braten, bis es rundum gebräunt ist. Nach 2½ Minuten Kreuzkümmel und Zimtstangen zufügen.

2 Den Pfanneninhalt mit dem Mehl bestäuben und unter ständigem Rühren 2 Minuten weiterbraten.

3 Aubergine, Paprika und Pilze zugeben und alles 2 Minuten unter Rühren garen. Das Tomatenmark mit der Brühe mischen, in die Pfanne gießen und alles aufkochen. Die Hitze reduzieren, dann Kichererbsen und Aprikosen zufügen. Abdecken und 15–20 Minuten köcheln lassen, bis das Fleisch gar ist.

4 Das Gericht mit Salz und Pfeffer abschmecken und sofort mit Koriander bestreut servieren.

Hähnchen Kiew

Ergibt 8 Stück   Vorbereitung: 35 Min. plus Kühlzeit   Garzeit: 25–30 Min.

Zutaten

125 g weiche Butter

3–4 Knoblauchzehen, sehr fein gehackt

1 EL frisch gehackte Petersilie

1 EL Schnittlauchröllchen

fein abgeriebene Schale und Saft von ½ Zitrone

8 Hähnchenbrustfilets (à 120 g)

50 g Mehl

2 Eier, leicht verquirlt

175 g Semmelbrösel

Erdnuss- oder Sonnenblumenöl, zum Frittieren

Salz und Pfeffer

Zubereitung

1 Die Butter mit Knoblauch, Kräutern, Zitronenschale und -saft in einer Schale gut verrühren. Mit Salz und Pfeffer würzen. Die Kräuterbutter in 8 Portionen teilen und zu kleinen Rollen formen. In Frischhaltefolie einschlagen und etwa 2 Stunden im Kühlschrank fest werden lassen.

2 Die Hähnchenbrustfilets zwischen zwei Lagen Frischhaltefolie flach klopfen. Je eine Portion Kräuterbutter auf das Fleisch geben und aufrollen. Mit einem Holzspieß fixieren.

3 Mehl, Eier und Semmelbrösel in drei verschiedene tiefe Teller geben. Die Filets nacheinander im Mehl, im Ei und in den Semmelbröseln wenden. Auf einen Teller legen und abgedeckt 1 Stunde in den Kühlschrank stellen.

4 Reichlich Öl in eine Fritteuse oder einen hohen Topf füllen und auf 180–190 °C erhitzen (ein Brotwürfel sollte darin in 30 Sekunden knusprig braun werden). Die Filets darin portionsweise 8–10 Minuten frittieren, bis sie goldbraun und durchgegart sind. Auf Küchenpapier abtropfen lassen.

Kreolisches Huhn

Für 2 Personen   Vorbereitung: 20 Min.   Garzeit: 30–35 Min.

Zutaten

4 Hähnchenoberschenkel

4 Hähnchenunterschenkel

2 frische Maiskolben ohne
Hüllblätter und Fäden

80 g Butter, zerlassen

Öl, zum Braten

Gewürzmischung

2 TL Zwiebelpulver

2 TL Paprikapulver • 1½ TL Salz

1 TL Knoblauchpulver

1 TL getrockneter Thymian

1 TL Cayennepfeffer

1 TL gemahlener schwarzer Pfeffer

½ TL gemahlener weißer Pfeffer

¼ TL gemahlener Kreuzkümmel

Zubereitung

1 Die Hähnchenschenkel mit einem scharfen Messer zwei- oder dreimal schräg einschneiden. Mit den Maiskolben in eine Schüssel legen. Alle Zutaten für die Gewürzmischung in einer kleinen Schüssel verrühren.

2 Fleisch und Mais mit der zerlassenen Butter bestreichen und mit der Gewürzmischung bestreuen. Sorgfältig mischen, damit alle Teile von der Gewürzmischung bedeckt sind.

3 Das Öl in einer großen Grillpfanne bei mittlerer bis hoher Temperatur erhitzen und das Fleisch darin 15 Minuten braten. Zwischendurch wenden. Dann die Maiskolben zugeben und 10–15 Minuten mitbraten, bis sie an den Rändern beginnen, schwarz zu werden. Mit einem Metallstäbchen das Fleisch an der dicksten Stelle einstechen. Wenn klarer Fleischsaft austritt, ist es gar. Auf einer Servierplatte anrichten und servieren.

Putenschnitzel mit Kartoffelspalten

Für 4 Personen   Vorbereitung: 20–25 Min.   Garzeit: 35 Min.

Zutaten

4 Kartoffeln

2 EL Olivenöl, plus etwas mehr zum Braten

3 TL getrockneter Salbei

50 g frische Semmelbrösel

40 g frisch geriebener Parmesan

4 dünne Putenschnitzel

1 Ei, verquirlt

Salz und Pfeffer

Zubereitung

1 Den Backofen auf 220 °C vorheizen. Jede Kartoffel in acht Spalten schneiden. Kartoffeln, Öl und 1 Teelöffel Salbei in eine große Schüssel geben. Mit Salz und Pfeffer würzen und gründlich mischen. Die Kartoffeln in einer Schicht auf einem Backblech verteilen und im vorgeheizten Ofen 25 Minuten backen, bis sie goldbraun sind.

2 Inzwischen Semmelbrösel, Käse und den restlichen Salbei auf einen flachen Teller geben. Mit Salz und Pfeffer würzen und gut mischen. Das verquirlte Ei in einen tiefen Teller geben. Das Fleisch zuerst in das Ei tauchen, dann in den Semmelbröseln wenden und die Panade auf beiden Seiten gut andrücken.

3 Das Öl in einer Pfanne bei relativ hoher Temperatur erhitzen und die Putenschnitzel darin 4–5 Minuten braten. Zwischendurch einmal wenden.

4 Sofort mit den Kartoffelspalten servieren.

Gedämpfte Lachsfilets

Für 4 Personen   Vorbereitung: 15–20 Min.   Garzeit: 22 Min.

Zutaten

40 g Butter, zerlassen

4 Lachsfilets (à 150 g)

fein abgeriebene Schale und
Saft von 1 Zitrone

1 EL Schnittlauchröllchen

1 EL frisch gehackte Petersilie

Salz und Pfeffer

Salat und Baguette, zum Servieren

Zubereitung

1 Den Backofen auf 200 °C vorheizen. Aus fester, dicker Alufolie vier Quadrate mit 30 cm Seitenlänge zurechtschneiden. Mit der Butter bestreichen.

2 Je 1 Lachsfilet in die Mitte eines Folienquadrats setzen. Mit Zitronenschale, Schnittlauch und Petersilie bestreuen und mit dem Zitronensaft beträufeln. Mit Salz und Pfeffer würzen.

3 Die Lachsfilets locker in der Alufolie einschlagen und oben fest verschließen.

4 Die Päckchen auf ein Backblech setzen und im vorgeheizten Ofen 20 Minuten backen, bis sie gar sind.

5 Den Lachs auswickeln und samt Saft auf Serviertellern anrichten. Sofort mit Salat und Baguette servieren.

Tandoori-Lachs

Für 2 Personen   Vorbereitung: 15 Min. plus Marinierzeit   Garzeit: 6–8 Min.

Zutaten

2 Lachsfilets (à 125 g)

Öl, zum Bestreichen und Einfetten

Frühlingszwiebeln, in Ringen, zum Garnieren

Gurken-Raita und frisch gekochter Basmatireis, zum Servieren

Gewürzmischung

½ TL gemahlener Koriander

½ TL gemahlener Kreuzkümmel

½ TL Cayennepfeffer

½ TL Salz

½ TL gemahlener schwarzer Pfeffer

Zubereitung

1 Die Lachsfilets mit etwas Öl bestreichen. Für die Gewürzmischung alle Zutaten in einer kleinen Schüssel vermengen und den Fisch großzügig damit einreiben. Abdecken und zum Marinieren 1 Stunde in den Kühlschrank stellen.

2 Den Backofengrill auf mittlere Temperatur vorheizen. Ein Backblech mit Alufolie belegen und diese mit Öl einfetten. Die Lachsfilets darauflegen und unter dem vorgeheizten Grill 3–4 Minuten von jeder Seite bräunen, bis sie gar sind.

3 Die Fischfilets auf Tellern anrichten und mit den Frühlingszwiebeln bestreuen. Mit Gurken-Raita und Basmatireis servieren.

Pikante Thunfischtaler

Für 4 Personen   Vorbereitung: 15–20 Min.   Garzeit: 8–10 Min.

Zutaten

200 g Thunfisch aus der Dose
(in Öl), abgetropft

2–3 EL Currypaste

1 Frühlingszwiebel, fein gehackt

1 Ei, verquirlt

200 g zerstampfte Kartoffeln

4 EL Mehl, plus etwas mehr
zum Bestäuben

Sonnenblumenöl oder Erdnussöl,
zum Braten

Salz und Pfeffer

Zubereitung

1 Den Thunfisch in eine große Rührschüssel geben. Currypaste, Frühlingszwiebel, Ei und Kartoffeln zufügen. Mit Salz und Pfeffer würzen und alles gründlich verkneten.

2 Aus der Masse vier Kugeln formen und diese auf einer leicht bemehlten Arbeitsfläche etwas flacher drücken. Das Mehl mit Salz und Pfeffer würzen und die Fischplätzchen darin wenden.

3 Das Öl in einer großen Pfanne erhitzen und die Plätzchen darin von jeder Seite 3–4 Minuten braten, bis sie knusprig und goldbraun sind. Sofort servieren.

Paella

Für 4 Personen   Vorbereitung: 15 Min.   Garzeit: 20 Min.

Zutaten

2 EL Olivenöl

1 Zwiebel, in dünnen Ringen

1 rote Paprika, in Streifen

100 g Chorizo, in Scheiben

200 g Langkornreis

850 ml köchelnder Fischfond

1 Prise Safranfäden oder gemahlene Kurkuma

140 g Erbsen, Tiefkühlware aufgetaut

200 g gegarte, ausgelöste Riesengarnelen

Salz und Pfeffer

frisch gehackte glatte Petersilie, zum Garnieren

Zubereitung

1 Das Öl in einem großen Topf bei mittlerer Temperatur erhitzen. Zwiebel und Paprika darin 2 Minuten unter ständigem Rühren braten. Chorizo und Reis einrühren und 1 Minute braten.

2 Den Fond mit dem Safran zugießen und zum Kochen bringen. Die Temperatur reduzieren und die Paella abgedeckt unter gelegentlichem Rühren 10 Minuten köcheln lassen, bis der Reis fast gar ist.

3 Erbsen und Garnelen einrühren. Mit Salz und Pfeffer abschmecken, dann abdecken und 4–5 Minuten bei niedriger Temperatur köcheln lassen, bis der Reis ganz gar ist.

4 Auf vorgewärmte Teller geben, mit Petersilie garnieren und sofort servieren.

Ratatouille

Für 4 Personen   Vorbereitung: 15–20 Min.   Garzeit: 25–30 Min.

Zutaten

4 EL Olivenöl

1 Zwiebel, gehackt

1 kleine Aubergine, gewürfelt

1 rote Paprika, gewürfelt

2 Zucchini, gewürfelt

2 Knoblauchzehen, gehackt

3 EL Rotwein

400 g gehackte Tomaten aus der Dose

2 Lorbeerblätter

Salz und Pfeffer

frisch gehackte Petersilie, zum Garnieren

knuspriges Brot, zum Servieren

Zubereitung

1 Das Öl in einer großen Pfanne bei hoher Temperatur erhitzen. Zwiebel und Aubergine darin 5 Minuten braten, bis sie leicht gebräunt sind. Paprika und Zucchini zufügen und unter ständigem Rühren weitere 5 Minuten braten, bis das Gemüse beginnt, weich zu werden.

2 Knoblauch, Wein, Tomaten und Lorbeerblätter einrühren. Alles zum Kochen bringen, dann die Temperatur reduzieren, den Topf abdecken und das Gemüse 10–15 Minuten unter gelegentlichem Rühren garen. Die Lorbeerblätter entfernen. Mit Salz und Pfeffer abschmecken.

3 Auf vorgewärmte Teller geben, mit Petersilie garnieren und sofort mit knusprigem Brot servieren.

Pilze Stroganoff

Für 4 Personen   Vorbereitung: 15 Min.   Garzeit: 15–20 Min.

Zutaten

25 g Butter

1 Zwiebel, fein gehackt

450 g Pilze mit geschlossenen Hüten, geviertelt

1 TL Tomatenmark

1 TL körniger Senf

150 g Crème fraîche

1 TL Paprikapulver, plus etwas mehr zum Garnieren

Salz und Pfeffer

frische glatte Petersilie, zum Garnieren

Zubereitung

1 Die Butter in einer großen Pfanne bei mittlerer Temperatur erhitzen. Die Zwiebel hineingeben und 5–10 Minuten dünsten, bis sie weich ist.

2 Die Pilze zugeben und einige Minuten unter ständigem Rühren braten, bis sie beginnen, weich zu werden. Tomatenmark und Senf einrühren, dann Crème fraîche und Paprikapulver zugeben. Bei niedriger Temperatur unter ständigem Rühren 5 Minuten köcheln lassen.

3 Mit Salz und Pfeffer abschmecken. Auf vorgewärmte Teller füllen, mit Paprikapulver und Petersilie garnieren und sofort servieren.

Gemüse-Tacos

Für 4 Personen   Vorbereitung: 15–20 Min.   Garzeit: 10–15 Min.

Zutaten

2 EL Olivenöl

1 rote Zwiebel, in Ringen

2 kleine Zucchini, gewürfelt

1 TL gemahlener Koriander

½ TL gemahlener Kreuzkümmel

2 Tomaten, gehackt

400 g Kichererbsen aus der Dose, abgespült und abgetropft

4 Tacos

80 g frisch geriebener Emmentaler

Salz und Pfeffer

Zubereitung

1 Den Backofengrill auf hoher Stufe vorheizen. Das Öl in einer großen Pfanne bei mittlerer Temperatur erhitzen. Zwiebel und Zucchini darin 4–5 Minuten unter gelegentlichem Rühren garen.

2 Gemahlenen Koriander und Kreuzkümmel einrühren, dann Tomaten und Kichererbsen zufügen. Mit Salz und Pfeffer würzen und zum Kochen bringen. Bei mittlerer Temperatur unter gelegentlichem Rühren 2 Minuten köcheln lassen. Die Mischung in die Tacos füllen und mit dem Käse bestreuen.

3 Die Tacos auf ein Backblech legen und unter dem vorgeheizten Grill 1–2 Minuten überbacken, bis der Käse geschmolzen ist. Sofort servieren.

Scharfer Bohneneintopf

Für 4–6 Personen   Vorbereitung: 20–25 Min.   Garzeit: 35–45 Min.

Zutaten

2 EL Olivenöl

1 Zwiebel, gehackt

2–4 Knoblauchzehen, gehackt

2 frische rote Chilis, entkernt und gehackt

225 g rote Kidneybohnen aus der Dose, abgespült und abgetropft

225 g weiße Bohnen aus der Dose, abgespült und abgetropft

225 g Kichererbsen aus der Dose, abgespült und abgetropft

1 EL Tomatenmark

700–850 ml Gemüsebrühe

1 rote Paprika, gehackt

4 Tomaten, gehackt

175 g frisch gepalte dicke Bohnen

1 EL frisch gehackter Koriander, plus etwas mehr zum Garnieren

Paprikapulver, zum Garnieren

saure Sahne, zum Servieren

Zubereitung

1 Das Öl in einem großen, schweren Topf mit gut schließendem Deckel erhitzen. Zwiebel, Knoblauch und Chilis darin 5 Minuten unter häufigem Rühren dünsten, bis sie weich sind.

2 Kidneybohnen, weiße Bohnen und Kichererbsen zugeben. Das Tomatenmark mit etwas Brühe verrühren und zu den Bohnen geben. Mit der restlichen Brühe ablöschen.

3 Die Brühe zum Kochen bringen, dann bei reduzierter Hitze 10–15 Minuten köcheln lassen. Paprika, Tomaten und dicke Bohnen untermischen.

4 Weitere 15–20 Minuten köcheln lassen, bis das Gemüse weich ist. Den Koriander unterrühren.

5 Mit Koriander und Paprikapulver garnieren und mit einem Löffel saurer Sahne servieren.

Kürbisrisotto mit Champignons

Für 4 Personen   Vorbereitung: 25 Min.   Garzeit: 50–55 Min.

Zutaten

2 EL Olivenöl

1 große Zwiebel, fein gehackt

6 frisch gehackte Salbeiblätter

2 TL frisch gehackte Thymianblätter

700 g Butternutkürbis, in 2 cm großen Würfeln

225 g braune Champignons, in Scheiben

300 ml Gemüsebrühe

200 ml trockener Weißwein

350 g Risottoreis

50 g frisch geriebener Parmesan

Salz und Pfeffer

knusprig frittierte Salbeiblätter, zum Garnieren

Zubereitung

1 Den Backofen auf 200 °C vorheizen. Das Öl in einem großen Topf erhitzen und Zwiebel, Salbei sowie Thymian hineingeben. Abdecken und bei geringer Hitze 5 Minuten dünsten, bis die Zwiebel glasig ist.

2 Kürbis, Pilze, Brühe und Wein unterrühren, alles zum Kochen bringen, dann den Topf vom Herd nehmen und den Inhalt in einen großen Bräter füllen. Den Reis untermengen.

3 Den Topf mit einem dicht schließenden Deckel verschließen und 40–45 Minuten im vorgeheizten Ofen backen, bis Reis und Gemüse gar sind.

4 Die Hälfte des Käses unterrühren, dann mit Salz und Pfeffer würzen. Sofort mit dem restlichen Käse und den frittierten Salbeiblättern garniert servieren.

Pasta mit Tomatensauce

Für 2 Personen   Vorbereitung: 15 Min.   Garzeit: 25 Min.

Zutaten

2 EL natives Olivenöl extra

1 rote Zwiebel, gehackt

1 grüne Paprika, gehackt

2 Knoblauchzehen, gehackt

1 EL Tomatenmark

400 g gehackte Tomaten aus der Dose

1 TL Zucker

80 g Pilze, in Scheiben

125 ml Rotwein oder Gemüsebrühe

200 g Tagliatelle

frisch geriebener Parmesan, zum Servieren

Zubereitung

1 Das Öl in einem Topf erhitzen. Zwiebel, Paprika und Knoblauch darin 3 Minuten dünsten, bis das Gemüse weich ist. Das Tomatenmark unterrühren und 1 Minute mitgaren. Die Tomaten mit Zucker, Pilzen und Wein oder Gemüsebrühe zufügen und zum Kochen bringen. Abgedeckt 15 Minuten köcheln lassen.

2 In einem großen Topf leicht gesalzenes Wasser zum Kochen bringen. Die Tagliatelle zufügen, das Wasser erneut aufkochen und die Nudeln 8–10 Minuten kochen, bis sie al dente sind. Die Nudeln abgießen und abtropfen lassen.

3 Mit der Sauce und Parmesan servieren.

Spaghetti mit Thunfischsauce

Für 4 Personen   Vorbereitung: 15–20 Min.   Garzeit: 20 Min.

Zutaten

350 g Spaghetti

2 EL Olivenöl

1 Knoblauchzehe

1 Zwiebel, gehackt

500 g Tomaten, gehackt

400 g Thunfisch im eigenen Saft aus der Dose, abgetropft und zerkleinert

2 TL Kapern, abgespült (nach Belieben)

Salz und Pfeffer

2 EL frisch gehackte Petersilie oder 1 EL frisch gehacktes Basilikum oder 1 Prise getrockneter Oregano

Salz und Pfeffer

Zubereitung

1 In einem großen Topf leicht gesalzenes Wasser zum Kochen bringen. Die Spaghetti hineingeben, das Wasser erneut aufkochen und die Nudeln 8–10 Minuten garen, bis sie al dente sind.

2 In der Zwischenzeit das Olivenöl in einem anderen Topf erhitzen und den Knoblauch darin braten, bis er leicht gebräunt ist. Den Knoblauch herausnehmen und wegwerfen. Zwiebel und Tomaten in den Topf geben und bei geringer Hitze 5 Minuten unter gelegentlichem Rühren garen.

3 Die Nudeln abgießen und zum Gemüse in den Topf geben. Thunfisch und Kapern zufügen, falls verwendet, und ein paar Minuten unter Rühren erhitzen. Den Topf vom Herd nehmen, die Pasta mit Salz und Pfeffer würzen, die Petersilie unterrühren und sofort servieren.

Spaghetti mit Hackbällchen

Für 4 Personen   Vorbereitung: 30 Min.   Garzeit: 40 Min.
                        plus Abkühlzeit

Zutaten

1 EL Olivenöl

1 kleine Zwiebel, fein gehackt

2 Knoblauchzehen, fein gehackt

2 frische Thymianzweige, die
Blättchen fein gehackt

650 g Rinderhackfleisch

25 g frische Semmelbrösel

1 Ei, leicht verquirlt

450 g Spaghetti

Salz und Pfeffer

Sauce

1 Zwiebel, in Spalten

3 rote Paprika, halbiert

400 g gehackte Tomaten aus
der Dose

1 Lorbeerblatt

Salz und Pfeffer

Zubereitung

1 Den Backofengrill vorheizen. Für die Sauce Zwiebelspalten und Paprikahälften mit der Schnittseite nach unten auf einen Rost legen und unter dem Grill unter häufigem Wenden 10 Minuten grillen, bis die Paprikahaut Blasen wirft und schwarz wird. Die Paprikahälften in einen Gefrierbeutel geben, verschließen und abkühlen lassen. Die Zwiebelspalten beiseitestellen.

2 Inzwischen das Öl in einer Pfanne erhitzen. Zwiebel und Knoblauch darin bei geringer Hitze unter Rühren 5 Minuten dünsten, bis sie weich sind. In eine Schüssel geben und Thymian, Hackfleisch, Semmelbrösel und Ei dazugeben. Mit Salz und Pfeffer würzen. Die Zutaten sorgfältig vermengen und 20 Hackbällchen daraus formen.

3 Eine beschichtete Pfanne bei mittlerer Temperatur erhitzen. Die Hackbällchen darin unter Wenden 15 Minuten braten, bis sie rundum gebräunt sind.

4 Die Paprika häuten. Das Fruchtfleisch grob hacken. Mit Zwiebelspalten und Tomaten in der Küchenmaschine oder mit dem Pürierstab glatt pürieren. Mit Salz und Pfeffer abschmecken. In einen Topf geben, das Lorbeerblatt zufügen und die Sauce zum Kochen bringen. Die Hitze reduzieren und unter gelegentlichem Rühren 10 Minuten köcheln. Das Lorbeerblatt entfernen.

5 In der Zwischenzeit leicht gesalzenes Wasser in einem großen Topf zum Kochen bringen. Die Spaghetti zugeben, das Wasser erneut aufkochen und die Nudeln 8–10 Minuten kochen, bis sie al dente sind.

6 Die Spaghetti abgießen und abtropfen lassen. Dann sofort mit den Hackbällchen und der Sauce servieren.

Spaghetti Carbonara

Für 4 Personen   Vorbereitung: 20 Min.   Garzeit: 15 Min.

Zutaten

450 g Spaghetti

1 EL Olivenöl

225 g Pancetta oder durchwachsener Speck, fein gewürfelt

4 Eier

5 EL Sahne

2 EL frisch geriebener Parmesan

Salz und Pfeffer

Zubereitung

1 In einem großen Topf Wasser mit etwas Salz bei hoher Temperatur zum Kochen bringen. Die Pasta zufügen, das Wasser wieder
zum Kochen bringen und die Nudeln 8–10 Minuten kochen, bis
sie al dente sind.

2 Unterdessen das Öl in einer Pfanne erhitzen. Den Speck darin
bei mittlerer Temperatur unter häufigem Rühren 8–10 Minuten
braten.

3 Eier und Sahne in einer kleinen Schüssel verrühren und mit Salz
und Pfeffer würzen.

4 Die Pasta abgießen und wieder in den Topf geben. Den gebra-
tenen Speck, die Eiermischung und die Hälfte des Parmesans
zufügen und gut mischen. Die Spaghetti in eine vorgewärmte
Servierschüssel geben.

5 Mit dem restlichen Parmesan bestreuen und sofort servieren.

Schnelle Lasagne

Für 6 Personen

Vorbereitung: 20 Min. plus Ruhezeit

Garzeit: 1 Std. 5 Min.– 1 Std. 15 Min.

Zutaten

2 EL Olivenöl

500 g Rinderhackfleisch

1 Zwiebel, gehackt

1 Knoblauchzehe, fein gehackt

1 Karotte, gewürfelt

1 EL frisch gehackte glatte Petersilie

6 frische Basilikumblätter, zerzupft

600 g passierte Tomaten

550 g Ricotta

1 Ei, leicht verquirlt

8 Lasagneblätter

225 g frisch geriebener Mozzarella

Salz und Pfeffer

Zubereitung

1 Das Öl in einem Topf erhitzen. Hackfleisch, Zwiebel, Knoblauch und Karotte darin bei mittlerer Temperatur unter häufigem Rühren 5–8 Minuten gleichmäßig braten, bis Fleisch und Zwiebel braun sind. Dabei das Fleisch mit einem Kochlöffel zerdrücken.

2 Die Kräuter unterrühren. Mit Salz und Pfeffer würzen und die passierten Tomaten zugeben. Zum Kochen bringen, dann die Temperatur reduzieren, den Topf abdecken und die Sauce 15 Minuten köcheln lassen.

3 Inzwischen den Backofen auf 190 °C vorheizen. Ricotta und Ei sorgfältig glatt rühren.

4 Abwechselnd Hackfleischsauce, Lasagneblätter, Ricottamischung und Mozzarella in eine ofenfeste Form schichten, mit Mozzarella enden. Im vorgeheizten Ofen 40–45 Minuten backen, bis der Käse goldbraun ist und die Sauce Blasen wirft. 5 Minuten ruhen lassen, dann servieren.

Mac 'n' Cheese

Für 4 Personen   Vorbereitung: 20 Min.   Garzeit: 30–40 Min.

Zutaten

250 g kleine Makkaroni

50 g Butter, plus etwas mehr für die Makkaroni

50 g Mehl

600 ml warme Milch

200 g frisch geriebener Emmentaler

50 g frisch geriebener Parmesan

½ TL frisch geriebene Muskatnuss

Salz und Pfeffer

Zubereitung

1 In einem großen Topf leicht gesalzenes Wasser zum Kochen bringen. Die Makkaroni darin 8–10 Minuten kochen, bis sie al dente sind. Die Nudeln abgießen und abtropfen lassen. Mit etwas Butter wieder in den Topf geben und warm halten.

2 Die Butter in einem Topf bei kleiner Hitze zerlassen. Das Mehl einstreuen und unter Rühren 2 Minuten anschwitzen. Die warme Milch unter ständigem Rühren langsam zugießen und 10–15 Minuten sanft einköcheln lassen, bis eine dickflüssige Sauce entstanden ist.

3 Je drei Viertel des Emmentalers und Parmesans unterrühren, bis der Käse geschmolzen ist. Mit Salz und Pfeffer abschmecken. Die Muskatnuss einrühren. Den Topf vom Herd nehmen.

4 Den Backofengrill vorheizen. Die Makkaroni in eine flache Auflaufform geben. Mit der Sauce überziehen. Mit dem restlichen Käse bestreuen und unter den Grill schieben. So lange grillen, bis der Käse leicht gebräunt ist. Sofort servieren.

Variation

75 g gehackten Kochschinken und 200 g Mais aus der Dose unter die Makkaroni rühren, bevor die Sauce zugegeben wird.

Fast Food –
selbst gemacht

Rindfleisch-Tacos

Für 4 Personen   Vorbereitung: 20 Min.   Garzeit: 30 Min.

Zutaten

2 EL Maiskeimöl

1 kleine Zwiebel, fein gehackt

2 Knoblauchzehen, fein gehackt

280 g Rinderhackfleisch

1½ TL scharfes Chilipulver

1 TL gemahlener Kreuzkümmel

8 Tacos

1 Avocado

2 EL Zitronensaft

¼ Eisbergsalat, in Streifen

4 Frühlingszwiebeln, in dünnen Ringen

2 Tomaten, gehäutet und gewürfelt

125 g saure Sahne

120 g frisch geriebener Emmentaler

Salz und Pfeffer

Zubereitung

1 Das Öl in einer Pfanne erhitzen. Zwiebel und Knoblauch zugeben und bei niedriger Temperatur unter gelegentlichem Rühren 5 Minuten dünsten, bis sie weich sind. Das Fleisch zufügen, die Temperatur auf mittlere Stufe erhöhen und unter häufigem Rühren 8–10 Minuten braten, bis es braun ist. Zwischendurch mit einem Holzlöffel zerdrücken. Überschüssiges Fett abgießen.

2 Chilipulver und Kreuzkümmel einrühren, mit Salz und Pfeffer würzen und bei niedriger Temperatur unter häufigem Rühren weitere 8 Minuten garen. Vom Herd nehmen.

3 Die Tacos gemäß Packungsanweisung erhitzen. Inzwischen die Avocado entkernen, schälen und in Scheiben schneiden. In eine Schüssel geben und rundum mit dem Zitronensaft beträufeln.

4 Salat, Frühlingszwiebeln, Tomaten und Avocadoscheiben auf die Tacos verteilen. Auf jede Portion 1 Esslöffel saure Sahne geben, mit dem Fleisch belegen. Mit dem Käse bestreuen und sofort servieren.

Variation
Statt Rindfleisch Hähnchen- oder Putenhackfleisch verwenden. Dafür die gleiche Menge Fleisch durch den Fleischwolf drehen.

Burritos

Für 4 Personen   Vorbereitung: 25–30 Min.   Garzeit: 1 Std.–
1 Std. 10 Min.

Zutaten

1 EL Olivenöl

1 Zwiebel, gehackt

1 Knoblauchzehe, fein gehackt

500 g mageres Rinderhackfleisch

3 große Tomaten, entkernt
und gehackt

1 rote Paprika, gehackt

800 g gemischte Bohnen aus der
Dose, abgetropft

125 ml Gemüsebrühe

1 EL frisch gehackte Petersilie

8 Vollkornmehl-Tortillas

125 g passierte Tomaten

50 g frisch geriebener Emmentaler

3 Frühlingszwiebeln, in Ringen

Salz und Pfeffer

Zubereitung

1 Das Öl in einer großen beschichteten Pfanne erhitzen und
Zwiebel und Knoblauch darin dünsten, bis sie weich sind, aber
nicht bräunen. Aus der Pfanne nehmen.

2 Das Hackfleisch in die Pfanne geben und bei starker Hitze
3–4 Minuten bräunen, dabei das Fleisch mit einem Holzlöffel
zerdrücken. Überschüssiges Fett abgießen.

3 Zwiebel und Knoblauch wieder in die Pfanne geben, Tomaten
und rote Paprika zugeben und 8–10 Minuten weiterbraten.

4 Bohnen, Brühe und Petersilie in die Pfanne geben, mit Salz
und Pfeffer würzen und ohne Deckel weitere 20–30 Minuten
köcheln lassen, bis alles gut eingedickt ist.

5 Unterdessen den Backofen auf 180 °C vorheizen. Die Hack-
fleischmischung etwas zerdrücken, dann auf die Tortillas
verteilen. Die Tortillas aufrollen und mit der Öffnung nach
unten auf ein mit Backpapier ausgelegtes Backblech geben.

6 Die Burritos mit den passierten Tomaten bestreichen und
mit dem Käse bestreuen. Im vorgeheizten Ofen 20 Minuten
backen.

7 Herausnehmen und mit den Frühlingszwiebeln bestreuen.
Sofort servieren.

Pilz-Fajitas

Für 4 Personen   Vorbereitung: 15–20 Min.   Garzeit: 15–18 Min.

Zutaten

2 EL Öl

500 g große flache Pilze, in Scheiben

1 Zwiebel, in Ringen

1 rote Paprika, in Streifen

1 grüne Paprika, in Streifen

1 Knoblauchzehe, zerdrückt

¼–½ TL Cayennepfeffer

Saft und abgeriebene Schale
von 2 Limetten

2 TL Zucker

1 TL getrockneter Oregano

8 Weizentortillas

Salz und Pfeffer

Salsa, zum Servieren

Zubereitung

1 Das Öl in einer großen Pfanne bei mittlerer Temperatur erhitzen. Pilze, Zwiebel, rote und grüne Paprika sowie Knoblauch darin 8–10 Minuten dünsten, bis das Gemüse gar ist.

2 Cayennepfeffer, Limettensaft und -schale, Zucker und Oregano zufügen. Mit Salz und Pfeffer würzen und weitere 2 Minuten garen. Das Gemüse aus dem Topf nehmen, beiseitestellen und warm halten.

3 Die Tortillas in einer Pfanne ohne Fett von beiden Seiten einige Sekunden erwärmen. Aus der Pfanne nehmen.

4 Die Tortillas mit der Pilzmischung füllen, aufrollen und sofort mit Salsa servieren.

Mega-Fleisch-Pizza

Für 2 Personen   Vorbereitung: 35–40 Min.   Garzeit: 45 Min.
plus Gehzeit

Zutaten

Pizzaboden

400 g Weizenmehl Type 550, plus
etwas mehr zum Bestäuben

1 TL Trockenbackhefe

1 TL Zucker

4 EL Olivenöl

1 TL Salz

250 ml warmes Wasser

Fleischsauce

2 EL Olivenöl

3 Knoblauchzehen, in Scheiben

100 g mageres Rinderhackfleisch

200 g passierte Tomaten

½ TL getrockneter Oregano

100 ml Wasser

Salz und Pfeffer

Belag

200 g Mozzarella, zerkleinert

4 Scheiben Parmaschinken

4 dünne Scheiben Kochschinken

40 g gewürfelter Speck

100 g Chorizo, in Scheiben

40 g frisch geriebener Parmesan

Zubereitung

1   Mehl, Hefe und Zucker in eine große Schüssel sieben. Mit einem Kochlöffel langsam Olivenöl, Salz und warmes Wasser einrühren. Sobald sich ein klumpiger Teig bildet, alles auf eine bemehlte Arbeitsfläche geben und 10 Minuten gut durchkneten. Der Teig muss glatt und elastisch sein.

2   In eine saubere Schüssel legen, mit Frischhaltefolie bedecken und an einem warmen Platz 1½ Stunden gehen lassen, bis sich das Volumen verdoppelt hat.

3   Inzwischen in einem mittelgroßen Topf das Olivenöl erhitzen und den Knoblauch kurz darin anbraten. Das Fleisch zugeben und 10 Minuten bräunen. Passierte Tomaten, Oregano und Wasser zugeben und alles 10 Minuten köcheln lassen, bis die Sauce auf die Hälfte reduziert ist. Mit Salz und Pfeffer abschmecken und beiseitestellen.

4   Den Backofen auf 220 °C vorheizen.

5   Den aufgegangenen Teig auf eine bemehlte Arbeitsfläche geben, kurz zusammendrücken und so ausrollen, dass er auf ein rechteckiges Backblech (30 cm × 38 cm) passt. Auf das Blech legen und falls nötig bis an die Ränder ziehen.

6   Die Sauce auf dem Boden verteilen, aber ringsherum 2,5 cm Rand frei lassen. Mit Mozzarella bestreuen, dann beide Schinkensorten, Speck, Chorizo und Parmesan darauf verteilen.

7   Im vorgeheizten Ofen 10 Minuten backen, bis der Käse goldbraun ist und Blasen wirft. Sofort servieren.

Gemüsepizza

Für 1 Person   Vorbereitung: 15–20 Min.   Garzeit: 12–15 Min.

Zutaten

2 EL Olivenöl

1 Pizzaboden (Fertigprodukt), 30 cm Ø

3 EL Tomatenmark

1 Zwiebel, fein gehackt

1 kleine grüne Paprika, in dünnen Streifen

2 Tomaten, in Scheiben

6 schwarze Oliven, entsteint und halbiert

100 g Mozzarella, zerkleinert

1 EL frisch gehackter Thymian

Salz und Pfeffer

Zubereitung

1 Den Backofen auf 220 °C vorheizen. Ein großes Backblech mit etwas Öl einpinseln und den Pizzaboden darauflegen.

2 Den Pizzaboden mit dem Tomatenmark bestreichen, dabei am Rand 2 cm frei lassen. Zwiebel, Paprika und Tomaten auf der Pizza verteilen.

3 Oliven und Käse auf dem Gemüse verteilen, mit dem Thymian bestreuen und mit Salz und Pfeffer würzen. Dann mit dem restlichen Öl beträufeln.

4 Im vorgeheizten Ofen 12–15 Minuten backen, bis der Rand goldbraun ist. Sofort servieren.

Monster-Hotdogs

Für 2 Personen   Vorbereitung: 15 Min.   Garzeit: 22 Min.

Zutaten

2 EL Pflanzenöl

2 große Zwiebeln, in Ringen

4 Wiener Würstchen

4 Hotdog-Brötchen

Zum Servieren

Cornichons, in Scheiben

Senf

süßpikantes Relish

frisch geriebener Emmentaler

Zubereitung

1 Das Öl bei mittlerer Temperatur in einer mittelgroßen Pfanne erhitzen. Die Zwiebeln 20 Minuten garen, bis sie weich und gebräunt sind. Aus der Pfanne nehmen und warm halten.

2 Inzwischen die Würstchen in einem Topf mit siedendem Wasser erhitzen, dabei aufpassen, dass sie nicht platzen.

3 Die Brötchen aufschneiden, die Würstchen hineinlegen. Mit Zwiebeln, Cornichons, Senf, Relish und Käse anrichten und sofort servieren.

Aufgespießte Würstchen im Teig

Für 2 Personen   Vorbereitung: 25 Min.   Garzeit: 35 Min.

Zutaten

Öl, zum Frittieren

100 g Mehl, gesiebt, plus 4 EL zum Bestäuben

300 g feiner Maisgrieß

2 EL Zucker

1 TL geräuchertes Paprikapulver

2 TL Senfpulver

1 TL Salz

1 TL Backpulver

2 große Eier

300 ml Buttermilch

150 ml Wasser

10 Wiener Würstchen

Zubereitung

1 Reichlich Öl in einem großen Topf oder einer Fritteuse auf 180–190 °C erhitzen (ein Brotwürfel sollte darin in 30 Sekunden knusprig braun werden).

2 Unterdessen in einer mittelgroßen Schüssel Mehl, Maisgrieß, Zucker, Paprikapulver, Senfpulver, Salz und Backpulver mischen. Die Eier mit einem Kochlöffel unterrühren. Dann allmählich Buttermilch und Wasser zugeben und weiterrühren, bis ein glatter, dickflüssiger Teig entsteht.

3 Jedes Würstchen der Länge nach auf einen Holzspieß stecken, bis noch etwa ein Viertel des Spießes herausschaut. Die restlichen 4 Esslöffel Mehl auf einen Teller geben. Die Würstchen im Mehl wälzen, dann in den Teig tauchen, bis sie gleichmäßig von Teig umhüllt sind. Überschüssigen Teig abtropfen lassen.

4 Die Würstchen ins heiße Öl tauchen und 5 Minuten frittieren, bis der Teig goldbraun ist. Herausnehmen, auf Küchenpapier abtropfen lassen und warm halten, bis alle Würstchen frittiert sind. Sofort servieren.

Spareribs mit Chili

Für 4 Personen

Vorbereitung: 20 Min. plus Marinierzeit

Garzeit: 1 Std.– 1 Std. 30 Min.

Zutaten

1,8–2,25 kg Spareribs vom Schwein

Kartoffelpüree und Spitzkohl oder Weißkohl, zum Servieren

Würzmischung zum Einreiben

2 TL mildes Chilipulver

2 TL geräuchertes Paprikapulver

2 TL edelsüßes Paprikapulver

4 TL getrockneter Oregano

2 TL Zwiebelpulver

2 TL Salz

Zubereitung

1   Für die Würzmischung Chilipulver, geräuchertes Paprikapulver, edelsüßes Paprikapulver, Oregano, Zwiebelpulver und Salz in einer kleinen Schüssel mischen. Die Rippchen damit rundum einreiben und 15 Minuten einziehen lassen.

2   Den Backofen auf 160 °C vorheizen. Die Fettpfanne mit Alufolie auslegen. Die Rippchen auf den Gitterrost legen und 1–1½ Stunden im Ofen garen, bis das Fleisch zart ist.

3   Aus dem Ofen nehmen, in Portionen teilen und mit Kartoffelpüree und Kohl servieren.

Chickenwings mit scharfer Sauce

Für 2 Personen   Vorbereitung: 30 Min.   Garzeit: 45–55 Min. plus Ruhezeit

Zutaten

1,8 kg Hähnchenflügel, Tiefkühlware aufgetaut, mit Küchenpapier abgetupft

1 EL Pflanzenöl, plus etwas mehr zum Einfetten

1 EL Mehl

1 TL Salz

Blauschimmelkäse-Dressing, zum Servieren

Scharfe Sauce

150 ml Cayennepfeffer-Sauce

120 g kalte Butter, in 2,5 cm dicken Scheiben

1½ EL weißer Essig

¼ TL Worcestersauce

1 TL Tabasco

¼ TL Cayennepfeffer

1 Prise Knoblauchpulver

Salz und Pfeffer

Zubereitung

1 Den Backofen auf 220 °C vorheizen.

2 Ganze Flügel an den Gelenken zerteilen, die Spitzen abschneiden und für eine Brühe verwenden. Die Flügel in eine große Schüssel geben. Öl, Mehl und Salz zufügen und alles gut mischen, bis die Flügel gleichmäßig mit Mehl und Öl umhüllt sind.

3 Zwei Backbleche mit leicht eingeölter Alufolie oder Silikonfolie auslegen. Die Flügel mit ausreichend Abstand auf die Bleche legen. Im vorgeheizten Ofen 25 Minuten garen.

4 Inzwischen alle Zutaten für die Sauce in einem Topf verrühren. Unter ständigem Rühren bei mittlerer Temperatur zum Kochen bringen. Vom Herd nehmen und beiseitestellen. Mit Salz und Pfeffer abschmecken und bei Bedarf nachwürzen.

5 Die Hähnchenflügel aus dem Ofen nehmen, wenden und wieder hineinschieben. Je nach Größe weitere 20–30 Minuten backen, bis sie braun und durchgegart sind. Das Fleisch ist gar, wenn beim Einstechen an der dicksten Stelle klarer Fleischsaft austritt. In eine große Rührschüssel geben.

6 Die warme Sauce über die heißen Wings geben und mit einem Löffel vermengen, damit die Flügel gleichmäßig mit der Sauce überzogen sind. 5 Minuten durchziehen lassen, dann nochmals vermengen und mit Blauschimmelkäse-Dressing servieren.

Lammspieße mit scharfer Chilisauce

Für 2 Personen   Vorbereitung: 20 Min.   Garzeit: 8–10 Min.

Zutaten

500 g Lammkeule, gewürfelt

2 EL Olivenöl

1 TL getrockneter Thymian

1 TL Paprikapulver

1 TL gemahlener Kreuzkümmel

2 große dünne Fladenbrote

1 kleine rote Zwiebel, in Ringen

1 Tomate, gehackt

1 kleines Bund frisch gehackter Koriander

Saft von ½ Zitrone

Salz und Pfeffer

scharfe Chilisauce und Naturjoghurt, zum Servieren

Zubereitung

1 In einer mittelgroßen Schüssel das Fleisch mit Öl, Thymian, Gewürzen, Salz und Pfeffer mischen.

2 Eine große Grillpfanne erhitzen oder einen Holzkohlegrill vorheizen.

3 Die Fleischwürfel auf lange Spieße schieben und in der erhitzen Pfanne von jeder Seite 4–5 Minuten (oder nach Geschmack) braten.

4 Eine große Pfanne ohne Fett erhitzen und das Fladenbrot darin kurz von beiden Seiten erwärmen.

5 Das Fleisch von den Spießen nehmen. Auf das Fladenbrot legen, mit Zwiebel, Tomate und Koriander garnieren. Mit dem Zitronensaft beträufeln und sofort mit Chilisauce und Naturjoghurt servieren.

![Finished kebab wrap with lamb, red onion, coriander, tomato, yogurt and hot sauce on flatbread]

Falafel-Taschen

Für 4 Personen   Vorbereitung: 30 Min.   Garzeit: 15–20 Min.

Zutaten

4 Pitabrote

1 Schalotte, geviertelt

2–3 Knoblauchzehen

425 g Kichererbsen aus der Dose, abgespült und abgetropft

30 g frische glatte Petersilienblätter

1 TL Korianderpulver

1 TL gemahlener Kreuzkümmel

½ TL Salz • 1 Prise Cayennepfeffer

2 EL Olivenöl • 2 EL Mehl

½ TL Backpulver

Rapsöl, zum Braten

Tahini-Sauce

2 EL Tahini

Saft von 1 Zitrone

2–3 EL Wasser

½ TL Salz

1 Prise Pfeffer

1 Prise Cayennepfeffer

Zum Servieren

Salatblätter, in Streifen

Tomatenscheiben

Gurkenscheiben

Kalamata-Oliven

Zubereitung

1 Den Backofen auf 200 °C vorheizen. Die Pitabrote in Alufolie wickeln und im Ofen erwärmen.

2 Schalotte und Knoblauch in der Küchenmaschine hacken. Kichererbsen, Petersilie, Koriander, Kreuzkümmel, Salz, Cayennepfeffer, Olivenöl und Mehl zufügen. Alle Zutaten pürieren. Das Backpulver zugeben und erneut kurz pürieren.

3 Für die Sauce alle Zutaten in einer kleinen Schüssel verrühren.

4 In eine große Pfanne 5 mm hoch Rapsöl füllen und erhitzen. Aus dem Kichererbsenpüree kleine walnussgroße Bällchen formen und zwischen den Händen flach drücken – sie sollten etwa 5 mm dick sein. Sobald das Öl heiß ist, mehrere Falafeln in der Pfanne 1½–2 Minuten auf einer Seite anbräunen. Wenden und erneut 1½–2 Minuten von der anderen Seite braten. Aus der Pfanne nehmen und auf einen mit Küchenpapier ausgelegten Teller legen. Die übrigen Falafeln ebenso ausbacken.

5 Die Brote aus dem Ofen nehmen und halbieren. Jede Brothälfte mit zwei bis drei Falafeln füllen, mit Tahini-Sauce beträufeln und mit Salat, Tomaten- und Gurkenscheiben füllen. Pro Person zwei Hälften servieren und dazu die Oliven reichen.

Doppeldecker-Burger

Für 4 Personen   Vorbereitung: 20 Min.   Garzeit: 10 Min.

Zutaten

900 g Rinderhackfleisch

2 TL Salz

½ TL Pfeffer

Pflanzenöl, zum Braten

8 Scheiben Emmentaler

4 Hamburgerbrötchen,
aufgeschnitten

Salatblätter

Tomatenscheiben

Rote-Zwiebel-Ringe

Cornichons, längs halbiert

Zubereitung

1 Das Hackfleisch in einer mittelgroßen Schüssel mit Salz und Pfeffer verkneten. Die Masse in acht Portionen teilen und daraus flache Pattys von höchstens 1 cm Dicke formen, je dünner, desto besser.

2 Eine große Grillpfanne bei mittlerer Temperatur erhitzen. Den Boden mit Öl bedecken. Die Pattys darin 4 Minuten braten, ohne sie zu bewegen. Danach sollten sie braun sein und sich leicht vom Pfannenboden lösen. Wenden und die andere Seite 2 Minuten braten, dann auf jedes Patty 1 Scheibe Käse legen und weitere 2 Minuten braten (nach Geschmack auch länger).

3 Auf jede untere Hälfte eines Brötchen 2 Pattys schichten. Salatblätter, Tomatenscheiben, Zwiebelringe und Cornichons darauf verteilen, die obere Hälfte der Brötchen darauflegen und sofort servieren.

Aussie-Burger

Für 4 Personen   Vorbereitung: 20 Min.   Garzeit: 15 Min.

Zutaten

450 g Rinderhackfleisch

2–3 TL Pflanzenöl

4 Scheiben Ananas aus der Dose

4 Eier

4 Hamburgerbrötchen, aufgeschnitten

4 EL Mayonnaise

4–8 Scheiben eingelegte Rote Bete

Salatblätter

Tomatenscheiben

Salz und Pfeffer

Zubereitung

1 Hackfleisch, 1 Teelöffel Salz und ½ Teelöffel Pfeffer in eine große Schüssel geben und sorgfältig vermengen. Die Mischung in vier gleich große Portionen teilen und zu je einem Patty formen.

2 Eine Grillpfanne bei mittlerer Temperatur erhitzen und mit 1 Teelöffel Öl einfetten. Die Ananas mit Öl einfetten. Dann Pattys und Ananas in die Pfanne geben. Abdecken und die Ananas 3 Minuten von jeder Seite braten, bis sie weich ist und Streifen hat. Die Pattys 4 Minuten von jeder Seite braten. Aus der Pfanne nehmen und warm halten.

3 Gerade so viel Öl in die Pfanne geben, dass der Boden bedeckt ist. Die Eier darin aufschlagen und mit Salz und Pfeffer bestreuen. Abdecken und 3 Minuten braten, bis das Eiweiß gestockt ist.

4 Die Brötchenhälften mit der Mayonnaise bestreichen. Je 1 Ananas auf die Unterseiten legen, dann je 1 Patty, 1 Spiegelei, 1–2 Rote-Bete-Scheiben, Salat und Tomate darübergeben. Mit der oberen Brötchenhälfte belegen und sofort servieren.

Hähnchen-Burger

Für 4 Personen   Vorbereitung: 15–20 Min.   Garzeit: 8 Min.

Zutaten

4 Hähnchenbrustfilets (ca. 1 cm dick)

225 ml Buttermilch

125 g Mehl

1 EL süßes oder geräuchertes Paprikapulver

2 TL Knoblauchpulver

1 TL gemahlener Pfeffer

1 TL Salz

½ TL Cayennepfeffer

125 ml Pflanzenöl

4 EL Mayonnaise

4 Hamburgerbrötchen, aufgeschnitten

Tomatenscheiben

Salatblätter

Krautsalat, zum Servieren

Zubereitung

1 Die Hähnchenbrustfilets mit Buttermilch in eine Schüssel legen und mehrfach in der Buttermilch wenden.

2 Das Mehl in eine flache Schüssel geben und Paprikapulver, Knoblauchpulver, Pfeffer, Salz und Cayennepfeffer zufügen. Gut verrühren. Die Hähnchenbrustfilets einzeln aus der Buttermilch nehmen und in der Mehlmischung wenden. Zurück in die Buttermilch legen und erneut in der Mehlmischung wenden. Das Öl in einer großen Pfanne bei hoher Temperatur erhitzen, bis es sehr heiß ist.

3 Die Hähnchenbrustfilets nebeneinander hineinlegen und 3 Minuten von jeder Seite braten, bis sie goldbraun und durchgegart sind.

4 1 Esslöffel Mayonnaise auf die obere Hälften der Brötchen streichen. Tomatenscheiben und Salatblätter auf die unteren Hälften der Brötchen legen. Ein Hähnchenbrustfilet darauflegen. Sofort mit Krautsalat servieren.

Bohnen-Burger

Für 4 Personen   Vorbereitung: 20–25 Min.   Garzeit: 20–25 Min.

Zutaten

1 EL Sonnenblumenöl, plus etwas mehr zum Bestreichen

1 Zwiebel, fein gehackt

1 Knoblauchzehe, fein gehackt

1 TL gemahlener Koriander

1 TL gemahlener Kreuzkümmel

120 g Champignons, fein gehackt

425 g rote Kidneybohnen aus der Dose, abgespült und abgetropft

2 EL frisch gehackte glatte Petersilie

Mehl, zum Bestäuben

Salz und Pfeffer

4 Hamburgerbrötchen, aufgeschnitten, zum Servieren

Salatblätter, zum Servieren

Zubereitung

1 Das Öl in einer Pfanne auf mittlerer Stufe erhitzen. Die Zwiebel hineingeben und unter gelegentlichem Rühren 5 Minuten dünsten, bis sie weich ist.

2 Knoblauch, Koriander und Kreuzkümmel zugeben und unter gelegentlichem Rühren 1 Minute mitdünsten.

3 Die Pilze zugeben und 4–5 Minuten unter ständigem Rühren garen, bis die austretende Flüssigkeit verkocht ist. Die Mischung in eine Schüssel geben.

4 Die Bohnen in eine kleine Schüssel geben und mit einem Kartoffelstampfer oder einer Gabel zerdrücken. Mit der Petersilie unter die Pilzmischung rühren und mit Salz und Pfeffer abschmecken.

5 Den Backofengrill vorheizen. Die Mischung in vier Portionen aufteilen. Die Portionen in etwas Mehl wenden und zu flachen, runden Pattys formen. Mit Öl bestreichen und unter dem Grill 4–5 Minuten von jeder Seite grillen.

6 Mit Salatblättern im Brötchen servieren.

Knusprige Zwiebelringe

Für 4–6 Personen   Vorbereitung: 25–30 Min.   Garzeit: 20–30 Min.

Zutaten

120 g Mehl

1 Ei

150 ml fettarme Milch

4 große Zwiebeln

Pflanzenöl, zum Frittieren

Chilipulver (nach Belieben)

Salz und Pfeffer

Zubereitung

1 Für den Teig Mehl und 1 Prise Salz in eine Schüssel sieben und eine Mulde in die Mitte drücken. Das Ei in die Vertiefung geben und mit dem Schneebesen etwas Mehl einarbeiten. Nach und nach die Milch unterrühren, dabei das Mehl vom Rand der Schüssel mit den flüssigen Zutaten in der Mitte verarbeiten, um einen glatten Teig zu erhalten.

2 Die Zwiebeln schälen, in 5 mm dicke Scheiben schneiden und anschließend aus den Scheiben einzelne Ringe drücken.

3 In einer Fritteuse oder einem Topf eine ausreichende Menge Öl auf 180–190 °C erhitzen (ein Brotwürfel sollte darin in 30 Sekunden knusprig braun werden).

4 Mit einer Gabel mehrere Zwiebelringe auf einmal aufnehmen und in den Teig tauchen. Überschüssigen Teig abtropfen lassen und die Zwiebelringe vorsichtig in das heiße Öl legen. 1–2 Minuten frittieren, bis sie an der Oberfläche des Öls schwimmen und knusprig und goldbraun sind. Aus dem Öl heben, auf Küchenpapier abtropfen lassen und warm stellen. Die restlichen Zwiebelringe ebenso zubereiten. Nicht zu viele Zwiebelringe auf einmal frittieren, da sonst die Temperatur des Öls zu stark sinkt und die Zwiebelringe nicht knusprig werden.

5 Die Zwiebelringe mit Chilipulver, falls verwendet, sowie Salz und Pfeffer würzen. Sofort servieren.

Pommes
mit Käsesauce

Für 4 Personen

Vorbereitung: 25 Min. plus
Einweich- und Kühlzeit

Garzeit: 35–50 Min.

Zutaten

900 g Kartoffeln

Pflanzenöl, zum Frittieren

Meersalz

Käsesauce

3 EL Butter

3 EL Mehl

350 ml Milch

350 g frisch geriebener Emmentaler

125 g saure Sahne

2 TL Dijon-Senf

½ TL Salz

Zubereitung

1 Die Kartoffeln in 5 cm lange und 5 mm breite Stifte schneiden.
5 Minuten in eine Schüssel mit kaltem Wasser legen, dann
abgießen und abspülen.

2 Die Kartoffeln in einem Topf mit leicht gesalzenem, kochendem
Wasser 3–4 Minuten kochen, bis sie beginnen, weich zu werden.
Abgießen und auf einem mit Küchenpapier ausgelegten Backblech ausbreiten. 1 Stunde oder über Nacht in den Kühlschrank
stellen.

3 Für die Sauce die Butter bei mittlerer Temperatur in einem Topf
erhitzen. Das Mehl einrühren und 30 Sekunden anschwitzen.
Langsam bei niedriger Temperatur unter ständigem Rühren die
Milch zugießen. 3 Minuten unter ständigem Rühren köcheln
lassen, bis die Sauce eindickt. Den Käse portionsweise zugeben
und jeweils rühren, bis er geschmolzen ist. Saure Sahne, Senf
und Salz einrühren. Die Sauce bis zum Servieren warm halten.

4 Ausreichend Öl zum Frittieren in einem großen Topf oder einer
Fritteuse auf 180–190 °C erhitzen (ein Brotwürfel sollte darin in
30 Sekunden knusprig braun werden). Vorsichtig die Kartoffeln
ins Fett geben, bei Bedarf portionsweise, damit der Topf nicht
zu voll wird. Etwa 3–4 Minuten frittieren, bis die Kartoffeln etwas
Farbe annehmen. Mit einem Schaumlöffel aus dem Fett nehmen
und auf einem Teller mit Küchenpapier abtropfen lassen.

5 Das Öl wieder auf 180–190 °C erhitzen. Die Kartoffeln nochmals 3–5 Minuten frittieren, bis sie goldbraun sind. Aus dem Öl nehmen und auf einem Teller mit Küchenpapier abtropfen lassen. Großzügig mit Meersalz bestreuen.

6 Die Pommes in eine große Schüssel geben und die Sauce separat zum Dippen reichen oder über die Pommes gießen.

Kartoffel-Wedges mit zwei Dips

Für 4 Personen   **Vorbereitung: 30 Min. plus Abkühlzeit**   **Garzeit: 35 Min.**

Zutaten

6 große Kartoffeln

6 EL Olivenöl

1 EL Paprikapulver

1 TL getrockneter Oregano

1 kleines Bund frischer Thymian

3 Knoblauchknollen, Spitzen abgeschnitten

4 EL Mayonnaise

2 EL Sahnemeerrettich

1 kleines Bund frisch gehackter Schnittlauch

4 EL saure Sahne

Salz und Pfeffer

Zubereitung

1 Den Backofen auf 200 °C vorheizen.

2 Jede Kartoffel längs halbieren, dann in drei Spalten schneiden und in eine große Schüssel geben. Mit Salz und Pfeffer würzen. Olivenöl, Paprikapulver, Oregano, Thymian und Knoblauchknollen zugeben. Vorsichtig mischen, bis Kartoffeln und Knoblauch ganz mit Öl umhüllt sind.

3 Ein großes Backblech mit Backpapier auslegen. Kartoffeln und Knoblauch darauf verteilen, die gesamte Öl-Gewürz-Mischung aus der Schüssel zugeben. Im vorgeheizten Ofen 20 Minuten backen, bis die Kartoffeln auf Fingerdruck etwas nachgeben. Den Knoblauch herausnehmen und die Kartoffel-Wedges wenden. Wieder in den Ofen schieben und weitere 15 Minuten garen.

4 Inzwischen Mayonnaise und saure Sahne in separate Schüsseln geben. Meerrettich und Schnittlauch mit der sauren Sahne verrühren und beiseitestellen.

5 Die gegarten Kartoffeln aus dem Ofen nehmen und 5 Minuten abkühlen lassen. Die abgekühlten Knoblauchknollen auf einen flachen Teller legen, das weiche Innere herausschaben oder -drücken und die Schale wegwerfen. Den Knoblauch grob hacken und unter die Mayonnaise rühren.

6 Die Kartoffel-Wedges sofort mit den beiden Dips servieren.

Fisch im Bierteig & Chips

Für 4 Personen | Vorbereitung: 25 Min. plus Kühlzeit | Garzeit: 45–50 Min.

Zutaten

Teig

225 g Mehl, plus etwas mehr zum Bestäuben

2 TL Backpulver

300 ml kaltes helles Bier

Pflanzenöl, zum Frittieren

6 große mehligkochende Kartoffeln, in Stiften

4 dicke Dorschfilets (à 175 g)

Salz und Pfeffer

Zitronenspalten, zum Servieren

Erbsenpüree

350 g Erbsen, Tiefkühlware aufgetaut

30 g Butter

2 EL Sahne

Salz und Pfeffer

Zubereitung

1 Das Mehl mit dem Backpulver und etwas Salz in eine Schüssel sieben und mit dem größten Teil des Biers verrühren. Der Teig soll eine sahnige Konsistenz haben. Ist er zu dick, noch etwas Bier unterrühren. 30 Minuten in den Kühlschrank stellen.

2 Die Erbsen in leicht gesalzenem Wasser 5 Minuten garen. Abgießen und pürieren. Butter und Sahne unterrühren und mit Salz und Pfeffer abschmecken. Beiseitestellen und warm halten.

3 Das Öl in einer Fritteuse mit Thermostat auf 120 °C erhitzen. Alternativ einen großen Topf und ein Thermometer verwenden. Den Backofen auf 150 °C vorheizen.

4 Die Kartoffeln 8–10 Minuten frittieren, bis sie gar, aber noch nicht gebräunt sind. Aus dem Öl nehmen und kurz auf Küchenpapier abtropfen lassen. In eine Schüssel geben und in den warmen Ofen schieben. Die Temperatur des Öls auf 180 °C erhöhen.

5 Den Fisch mit Salz und Pfeffer würzen und mit etwas Mehl bestäuben. 1 Filet in den Teig tauchen. Der Fisch sollte dick von Teig umhüllt sein. Vorsichtig ins heiße Öl geben. Mit den anderen Filets ebenso verfahren. Je nach Größe der Fritteuse die Filets in Portionen garen. 8–10 Minuten frittieren, nach der Hälfte der Zeit wenden. Aus dem Öl nehmen und warm halten.

6 Das Öl wieder auf 180 °C erhitzen und die Kartoffeln noch einmal 2–3 Minuten frittieren, bis sie goldbraun sind. Abtropfen lassen und mit Salz und Pfeffer würzen. Sofort mit Fisch und Erbsenpüree servieren. Dazu Zitronenspalten zum Beträufeln reichen.

Gemüse-Korma

Für 4 Personen   Vorbereitung: 20 Min.   Garzeit: 45 Min.

Zutaten

4 EL Ghee oder Pflanzenöl

2 Zwiebeln, gehackt

2 Knoblauchzehen, gehackt

1 frische rote Chili, gehackt

1 EL frisch geriebener Ingwer

2 Tomaten, geschält und gehackt

1 orangefarbene Paprika, gewürfelt

1 große Kartoffel, gewürfelt

200 g Blumenkohlröschen

½ TL Salz

1 TL gemahlene Kurkuma

1 TL gemahlener Kreuzkümmel

1 TL gemahlener Koriander

1 TL Garam masala

200 ml Gemüsebrühe oder Wasser

150 g Naturjoghurt

150 g Sahne

25 g frisch gehackter Koriander

Zubereitung

1 Das Ghee in einem großen Topf bei mittlerer Temperatur erhitzen. Zwiebeln und Knoblauch darin unter ständigem Rühren 3 Minuten braten. Chili und Ingwer zufügen und alles weitere 4 Minuten braten.

2 Tomaten, Paprika, Kartoffel, Blumenkohl, Salz und Gewürze zugeben und das Gemüse unter ständigem Rühren 3 Minuten braten. Die Brühe einrühren und zum Kochen bringen. Die Temperatur reduzieren und alles 25 Minuten köcheln lassen.

3 Joghurt und Sahne einrühren. Bei niedriger Temperatur 5 Minuten köcheln lassen. Den gehackten Koriander untermischen. Sofort servieren.

Balti-Rindfleisch

Für 4 Personen   Vorbereitung: 20 Min.   Garzeit: 25–30 Min.

Zutaten

2 EL Ghee oder Pflanzenöl

Zwiebel, in dünnen Ringen

1 Knoblauchzehe, fein gehackt

3-cm-Stück frischer Ingwer, gerieben

2 frische rote Chilis, entkernt und fein gehackt

450 g Rumpsteak, in dünnen Streifen

1 grüne Paprika, in feinen Streifen

1 gelbe Paprika, in feinen Streifen

1 TL gemahlener Kreuzkümmel

1 EL Garam masala

4 Tomaten, gehackt

2 EL Zitronensaft

1 EL Wasser

Salz

frisch gehackter Koriander, zum Garnieren

Zubereitung

1 1 Esslöffel Ghee oder Öl in einem vorgewärmten Wok oder einer vorgewärmten großen Pfanne erhitzen. Die Zwiebel zugeben und bei geringer Temperatur unter gelegentlichem Rühren 8–10 Minuten dünsten, bis sie goldbraun ist. Die Hitze auf mittlere Stufe erhöhen. Knoblauch, Ingwer, Chilis und Fleisch zugeben und 5 Minuten unter gelegentlichem Rühren braten, bis das Fleisch rundum gebräunt ist. Alles mit einem Schaumlöffel aus der Pfanne heben und warm halten.

2 Das restliche Ghee oder Öl in die Pfanne geben. Die Paprika zufügen und bei mittlerer Hitze unter gelegentlichem Rühren 5 Minuten garen, bis sie weich sind. Kreuzkümmel und Garam masala einrühren und alles 1 Minute weitergaren.

3 Tomaten, Zitronensaft und Wasser zufügen. Alles mit Salz abschmecken und 3 Minuten köcheln lassen. Die Fleischmischung zugeben und heiß werden lassen. Das Curry in eine vorgewärmte Servierschüssel füllen, mit Koriander garnieren und sofort servieren.

Grünes Thai-Curry mit Huhn

Für 4 Personen   Vorbereitung: 15 Min.   Garzeit: 15–20 Min.

Zutaten

2 EL Erdnussöl oder Pflanzenöl

4 Frühlingszwiebeln, grob gehackt

2 EL thailändische grüne Currypaste

700 ml Kokosmilch

1 Würfel Hühnerbrühe

6 Hähnchenbrustfilets (à 120 g),
in 2,5 cm großen Würfeln

1 große Handvoll frisch
gehackter Koriander

1 TL Salz

gekochter Reis, zum Servieren

Zubereitung

1 Das Öl in einem vorgeheizten Wok erhitzen. Die Frühlingszwiebeln darin bei mittlerer bis hoher Temperatur 30 Sekunden
pfannenrühren, bis sie beginnen, weich zu werden.

2 Currypaste, Kokosmilch und Brühwürfel zufügen. Vorsichtig
unter gelegentlichem Rühren zum Kochen bringen.

3 Fleisch, die Hälfte des Korianders und Salz zugeben und umrühren. Die Temperatur reduzieren und alles 8–10 Minuten köcheln
lassen, bis das Fleisch gar ist.

4 Den restlichen Koriander unterrühren. Sofort mit dem gekochten Reis servieren.

Rindfleisch in Schwarze-Bohnen-Sauce

Für 4 Personen　　Vorbereitung: 15 Min.　　Garzeit: 10–12 Min.

Zutaten

3 EL Erdnussöl

450 g Rumpsteak, in dünnen Scheiben

1 rote Paprika, in dünnen Streifen

1 grüne Paprika, in dünnen Streifen

1 Bund Frühlingszwiebeln, gehackt

2 Knoblauchzehen, zerdrückt

1 EL frisch geriebener Ingwer

2 EL Schwarze-Bohnen-Sauce

1 EL Sherry

1 EL Sojasauce

Zubereitung

1　Einen Wok oder eine große Pfanne bei hoher Temperatur erhitzen. 2 Esslöffel Öl zugeben und stark erhitzen. Das Rindfleisch darin unter ständigem Rühren braten, bis es beginnt, braun zu werden. Herausnehmen und beiseitestellen.

2　Das restliche Öl und die Paprika zugeben und 2 Minuten pfannenbraten.

3　Frühlingszwiebeln, Knoblauch und Ingwer zufügen und 30 Sekunden mitbraten.

4　Schwarze-Bohnen-Sauce, Sherry und Sojasauce einrühren, dann das Fleisch wieder zufügen und erhitzen, bis die Sauce köchelt. Sofort servieren.

Hähnchen Chow Mein

Für 2 Personen   Vorbereitung: 15 Min.   Garzeit: 15–18 Min.

Zutaten

100 g asiatische Vollkornbandnudeln

2 EL Sesamöl oder Pflanzenöl

300 g Hähnchenbrustfilet, in Streifen

1 Zucchini, in dünnen Scheiben

1 Karotte, in dünnen Scheiben

1 rote Paprika, in Streifen

50 g Zuckererbsen

4 große Frühlingszwiebeln, in dünnen Ringen

2 TL chinesisches Fünf-Gewürze-Pulver

1 EL helle Sojasauce

1 EL Austernsauce

3–4 EL Hühnerbrühe

Zubereitung

1 In einem großen Topf Wasser mit etwas Salz zum Kochen bringen. Die Nudeln darin 2–3 Minuten oder gemäß Packungsanweisung kochen. Sie sollen noch etwas bissfest sein.

2 Das Öl in einem Wok oder einer beschichteten Pfanne erhitzen und darin das Fleisch mit Zucchini, Karotte, Paprika, Erbsen und Frühlingszwiebeln bei hoher Temperatur 5 Minuten braten, bis das Fleisch gar und das Gemüse weich ist.

3 Fünf-Gewürze-Pulver, Sojasauce, Austernsauce und Brühe zufügen und 1 Minute erhitzen. Die Nudeln abgießen, in den Wok geben, alles verrühren und 1 Minute durchwärmen. Sofort servieren.

Schweinefleisch süßsauer

Für 4 Personen   Vorbereitung: 15 Min.   Garzeit: 10–12 Min.

Zutaten

1 EL Pflanzenöl

350 g mageres Schweinefleisch, in 5 mm dicken Streifen

1 große rote Paprika, in Streifen

4 Frühlingszwiebeln, gehackt, plus etwas mehr zum Garnieren

450 g Ananasstücke aus der Dose (mit der Flüssigkeit)

2 EL Speisestärke

3 EL Weinessig

Saft von 1 Zitrone

3 EL helle Sojasauce

2 EL Zucker

Salz und Pfeffer

Zubereitung

1 Das Öl in einem Wok oder einer großen Pfanne erhitzen, die Fleischstreifen zufügen und unter Rühren 5 Minuten anbraten.

2 Paprika und Frühlingszwiebeln zugeben und unter Rühren 3 Minuten garen, bis sie gerade weich werden.

3 Den Ananassaft in eine Schüssel abgießen und die Ananasstücke beiseitestellen. Speisestärke, Essig, Zitronensaft, Sojasauce, Zucker, Salz und Pfeffer mit dem Saft verrühren.

4 Die angerührte Speisestärke in die Pfanne geben und bei mittlerer Temperatur 1–2 Minuten unter Rühren kochen, bis die Sauce leicht andickt. Die Ananasstücke zufügen und 1 Minute mitkochen. Auf Teller verteilen, mit Frühlingszwiebeln garnieren und sofort servieren.

Schweinefilet Pad Thai

Für 4 Personen   Vorbereitung: 20–25 Min.   Garzeit: 8–12 Min.

Zutaten

225 g dicke Reisnudeln

2 EL Erdnuss- oder Pflanzenöl

4 Frühlingszwiebeln, grob gehackt, plus etwas mehr zum Garnieren

2 Knoblauchzehen, zerdrückt

2 rote Chilis, entkernt und in dünnen Ringen

225 g Schweinefilet, pariert und in dünnen Scheiben

120 g gegarte, ausgelöste Riesengarnelen

Saft von 1 Limette

2 EL thailändische Fischsauce

2 Eier, verquirlt

50 g frische Bohnensprossen

1 Handvoll frisch gehackter Koriander

50 g ungesalzene Erdnüsse, gehackt

Zubereitung

1 Die Nudeln nach Packungsangabe kochen, abtropfen lassen und beiseitestellen.

2 Einen Wok auf mittlerer bis hoher Stufe erhitzen, dann das Öl hineingeben. Frühlingszwiebeln, Knoblauch und Chilis zufügen und 1–2 Minuten braten. Das Fleisch zugeben und bei starker Hitze 1–2 Minuten mitbraten, bis es braun ist.

3 Garnelen, Limettensaft, Fischsauce und Eier zufügen und unter Rühren bei mittlerer Hitze 2–3 Minuten pfannenrühren, bis die Eier gestockt und die Garnelen erwärmt sind.

4 Bohnensprossen, Koriander, Erdnüsse und Nudeln zufügen und 30 Sekunden pfannenrühren, bis alles heiß ist. Mit Frühlingszwiebeln garnieren und sofort servieren.

Satay-Nudeln

Für 2 Personen   Vorbereitung: 15 Min.   Garzeit: 15–18 Min.

Zutaten

125 g mittelbreite asiatische Eiernudeln

150 ml kochendes Wasser

80 g Kokoscreme, gehackt

2 TL Öl

1 große rote Paprika, in dünnen Streifen

1 große Knoblauchzehe, in dünnen Scheiben

125 g frische Bohnensprossen

2 EL dunkle Sojasauce

50 g geröstete gesalzene Erdnüsse, grob gehackt

3 Frühlingszwiebeln, schräg in Ringen

1 große Handvoll frisch gehackter Koriander

Salz

Zubereitung

1 In einem großen Topf Wasser mit etwas Salz bei hoher Temperatur zum Kochen bringen. Die Nudeln zufügen, das Wasser wieder zum Kochen bringen und die Nudeln 4 Minuten kochen. Sie sollen noch etwas Biss haben.

2 Inzwischen das kochende Wasser in eine kleine Schüssel gießen und die Kokoscreme darin unter Rühren auflösen. Beiseitestellen.

3 Das Öl in einem Wok oder einer großen Pfanne erhitzen. Die Paprika darin bei hoher Temperatur 2–3 Minuten braten, bis sie weich wird. Den Knoblauch zufügen und 40–60 Sekunden mitbraten, aber nicht zu dunkel werden lassen.

4 Die Bohnensprossen zufügen, danach Nudeln, aufgelöste Kokoscreme, Sojasauce und Erdnüsse zugeben. Die Temperatur reduzieren und unter ständigem Rühren weitere 2–3 Minuten erhitzen, bis die Sauce Blasen wirft. Frühlingszwiebeln und Koriander unterheben und sofort servieren.

Chinesischer Gemüsereis

Für 4 Personen   Vorbereitung: 20 Min.   Garzeit: 25 Min.

Zutaten

350 g Langkornreis

1 TL gemahlene Kurkuma

2 EL Sonnenblumenöl

225 g Zucchini, in Scheiben

1 rote Paprika, in Streifen

1 grüne Paprika, in Streifen

1 frische grüne Chili, entkernt und fein gehackt

1 Karotte, grob geraspelt

150 g frische Bohnensprossen

6 Frühlingszwiebeln, in Ringen

2 EL Sojasauce

Salz

frische Korianderblätter, zum Garnieren (nach Belieben)

Limettenspalten, zum Servieren

Zubereitung

1 Reis und Kurkuma in einen Topf mit leicht gesalzenem Wasser geben und zum Kochen bringen, dann die Hitze reduzieren und köcheln lassen, bis der Reis gerade gar ist. Abgießen und das restliche Wasser mit Küchenpapier herausdrücken. Beiseitestellen.

2 Das Öl in einem Wok oder einer großen Pfanne erhitzen. Die Zucchini zugeben und etwa 2 Minuten braten. Paprika und Chili zufügen und 2–3 Minuten unter Rühren weiterbraten.

3 Den gekochten Reis nach und nach zu dem Gemüse in den Wok geben und nach jeder Zugabe alles gut verrühren. Karotte, Bohnensprossen und Frühlingszwiebeln zugeben und das Ganze weitere 2 Minuten pfannenrühren.

4 Die Sojasauce darüberträufeln und gut verrühren. Auf vier Servierschälchen verteilen, die Korianderblätter darüberstreuen, falls verwendet, und sofort servieren.

Variation

Für einen köstlichen Belag 1 Teelöffel Sonnenblumenöl in einer kleinen beschichteten Pfanne erhitzen und 2 verquirlte Eier darin wie ein Omelett ausbacken. Das Omelett in Streifen schneiden und auf die Schalen verteilen.

Desserts, Kuchen & Cocktails

Bieramisu

Für 8 Personen   Vorbereitung: 20–25 Min.   Garzeit: Keine
plus Kühlzeit

Zutaten

750 g Mascarpone
600 g Sahne
300 g Zucker
450 ml dunkles Bier
5 Tropfen Vanillearoma
50 Löffelbiskuits
2 doppelte Espresso
400 ml Irish Cream
Kakaopulver, zum Bestäuben

Zubereitung

1 In einer großen Schüssel Mascarpone, Sahne und Zucker verrühren. Langsam das Bier mit dem Vanillearoma zugießen und
alles zu einer dickcremigen Masse verrühren.

2 Die Löffelbiskuits in eine mittelgroße Schüssel geben, mit Espresso und Irish Cream übergießen und 10 Sekunden einweichen.
Die weichen Löffelbiskuits mit einem Löffel zerdrücken.

3 In eine Auflaufform (4 l) abwechselnd je drei Schichten Mascarponecreme und zerdrückte Löffelbiskuits geben. Mit einer Schicht
Mascarponecreme abschließen.

4 Mindestens 3 Stunden in den Kühlschrank stellen.

5 Kurz vor dem Servieren aus dem Kühlschrank nehmen und mit
Kakaopulver bestäuben.

Variation

Für eine klassische Tiramisu-Variante ersetzt Du das Dunkelbier
durch Marsala und den Irish Cream durch zusätzlichen Espresso
oder durch eine Mischung aus Espresso und Mandellikör.

Schokoladenpudding

Für 6 Personen   Vorbereitung: 15 Min.   Garzeit: 12–15 Min.

Zutaten

100 g Zucker

4 EL Kakaopulver

2 EL Speisestärke

1 Prise Salz

350 ml Milch

1 Ei, verquirlt

50 g Butter

2 Tropfen Vanillearoma

Sahne, zum Servieren

Zubereitung

1 Zucker, Kakaopulver, Speisestärke und Salz in einer hitzebeständigen Schüssel mischen und beiseitestellen.

2 Die Milch in einem Topf bei mittlerer Temperatur fast bis zum Siedepunkt erhitzen. Nicht kochen lassen.

3 Die Milch auf dieser Temperatur halten und einige Esslöffel davon zur Zuckermischung geben. Gründlich verrühren. Dann die Zuckermischung zu der heißen Milch in den Topf geben. Ei und die Hälfte der Butter einrühren und auf niedrige Temperatur umschalten.

4 Die Milchmischung 5–8 Minuten unter häufigem Rühren köcheln lassen, bis der Pudding eindickt. Vom Herd nehmen. Das Vanillearoma und die restliche Butter zugeben und rühren, bis die Butter zerlaufen ist.

5 In Dessertschalen umfüllen, etwas Sahne darübergießen und sofort servieren.

Eton Mess

Für 4–6 Personen

Vorbereitung: 35–40 Min.
plus Kühlzeit

Garzeit: 45–50 Min.

Zutaten

3 Eiweiß

175 g Feinstzucker

700 g Erdbeeren

2 EL Puderzucker

2 EL Erdbeerlikör (nach Belieben)

300 g Crème double

150 g Schlagsahne

Zubereitung

1 Den Backofen auf 150 °C vorheizen.

2 Das Eiweiß in einer fettfreien Schüssel mit einem Handmixer steif schlagen. Den Zucker allmählich einrieseln lassen und dabei weiterschlagen. Die Baisermasse soll fest sein und glänzen.

3 Ein Backblech mit Backpapier auslegen. Die Baisermasse daraufgeben und zu einem Kreis von etwa 30 cm verstreichen. Im vorgeheizten Ofen 45–50 Minuten backen, bis das Baiser außen fest, aber innen noch weich ist. Aus dem Ofen nehmen und abkühlen lassen.

4 Die Erdbeeren verlesen und putzen. Ein Drittel (möglichst die großen Früchte) in einem Mixer mit dem Puderzucker pürieren. In eine Schüssel geben, den Likör einrühren und die restlichen Früchte in die Erdbeersauce geben.

5 Crème double und Schlagsahne zusammen steif schlagen.

6 Das Baiser in große Stücke brechen und die Hälfte in eine große Servierschüssel aus Glas geben. Die Hälfte der Erdbeermischung und die Hälfte der Sahne darauf verteilen. Die restlichen Zutaten ebenso aufschichten, dann vorsichtig einen Löffel durchziehen, sodass eine gestreifte Mischung entsteht. Sofort nach dem Mischen servieren, weil das Baiser schnell weich wird.

Saftiger Karamellkuchen

Für 8 Personen   Vorbereitung: 20–25 Min.   Garzeit: 40–45 Min.
plus Einweichzeit

Zutaten

75 g Sultaninen

150 g Datteln, entsteint und gehackt

1 TL Natron

25 g Butter, plus etwas mehr
zum Einfetten

200 g hellbrauner Zucker

2 Eier

200 g Mehl, gesiebt

2 TL Backpulver

Karamellsauce

25 g Butter

175 g Sahne

200 g hellbrauner Zucker

Zubereitung

1 Den Backofen auf 180 °C vorheizen. Eine runde Backform
   (20 cm Ø) einfetten.

2 Sultaninen, Datteln und Natron in eine hitzebeständige Schüssel
   geben, mit kochendem Wasser bedecken und quellen lassen.

3 Die Butter in einer anderen Schüssel mit dem Zucker schaumig
   schlagen. Die Eier unterrühren, dann Mehl und Backpulver
   unterheben. Die eingeweichten Früchte abgießen und unter den
   Teig ziehen.

4 Den Teig in die vorbereitete Form füllen und glatt streichen.
   Im vorgeheizten Ofen 35–40 Minuten backen, bis an einem in
   der Mitte eingestochenen Holzstäbchen keine Teigreste mehr
   haften.

5 Etwa 5 Minuten vor Ende der Backzeit die Sauce zubereiten.
   Die Butter bei mittlerer Temperatur in einem Topf zerlassen.
   Sahne und Zucker einrühren und unter ständigem Rühren zum
   Kochen bringen. Die Temperatur reduzieren und die Sauce
   5 Minuten köcheln lassen.

6 Den Kuchen in Stücke schneiden, mit der Sauce übergießen
   und sofort servieren.

Marmeladenrolle

Für 6 Personen

Vorbereitung: 30 Min.
plus Ruhe- und Abkühlzeit

Garzeit: 1 Std. 35 Min.–
2 Std. 5 Min.

Zutaten

225 g Mehl, plus etwas mehr
zum Bestäuben

2 TL Backpulver

1 Prise Salz

120 g Rindertalg

abgeriebene Schale von 1 Zitrone

1 EL Zucker

50 ml Milch, plus etwas mehr
zum Bestreichen

50 ml Wasser

4–6 EL Erdbeerkonfitüre

fertige Vanillesauce, zum Servieren

Zubereitung

1 Mehl und Backpulver in eine Schüssel sieben. Salz und Rindertalg
zufügen und vermengen. Zitronenschale und Zucker unterrühren.

2 Milch und Wasser in einem Messbecher mischen. Eine Vertiefung
in die Mitte der trockenen Zutaten drücken und die Flüssigkeit
hineingießen. Alles zu einem elastischen Teig verarbeiten. Den
Teig kneten, bis er glatt ist. Falls zeitlich möglich, den Teig in
Frischhaltefolie wickeln und 30 Minuten ruhen lassen.

3 Den Teig auf einer leicht bemehlten Arbeitsfläche zu einem
Rechteck von 20 cm x 25 cm ausrollen.

4 Die Konfitüre auf den Teig streichen, dabei ringsherum 1 cm
Rand frei lassen. Den Rand mit Milch bestreichen. Den Teig
vorsichtig von der Schmalseite her aufrollen. Die Enden gut
andrücken. Die Teigrolle erst in Backpapier, dann in Alufolie
wickeln und beide Enden sorgfältig verschließen.

5 Einen großen Topf mit Dämpfeinsatz unterhalb des Einsatzes
mit Wasser füllen. Das Wasser zum Kochen bringen. Die Rolle
in den Dämpfeinsatz legen und im Dampf über kochendem Wasser 1½–2 Stunden garen. Zwischendurch regelmäßig kochendes
Wasser nachfüllen.

6 Die Rolle aus dem Dämpfeinsatz nehmen und etwas abkühlen
lassen. Auswickeln, in Scheiben schneiden und sofort mit Vanillesauce servieren.

Sirup-Tarte

Für 8 Personen   Vorbereitung: 30 Min.   Garzeit: 35–40 Min.
                        plus Abkühl- und Kühlzeit

Zutaten

250 g fertiger gesüßter Mürbeteig

Mehl, zum Bestäuben

350 g heller Sirup

125 g frische weiße Semmelbrösel

125 g Sahne

abgeriebene Schale von ½ Zitrone oder Orange

2 EL Zitronensaft oder Orangensaft

steif geschlagene Sahne, zum Servieren

Zubereitung

1 Den Teig auf einer leicht bemehlten Arbeitsfläche ausrollen und eine Tarteform (20 cm Ø) damit auslegen. Abgeschnittene Teigreste aufbewahren. Den Teig in der Form mit einer Gabel mehrmals einstechen, mit Frischhaltefolie abdecken und 30 Minuten in den Kühlschrank stellen. Die Teigreste zusammenkneten und erneut ausrollen, dann kleine Formen (z.B. Blätter oder Herzen) ausstechen, um die Tarte damit zu verzieren.

2 Den Backofen auf 190 °C vorheizen. Sirup, Semmelbrösel, Sahne und Zitronenschale in einer kleinen Schüssel mit dem Zitronensaft verrühren.

3 Die Mischung in die Form gießen und die ausgestochenen Formen auf die Oberfläche legen. Im vorgeheizten Ofen 35–40 Minuten backen, bis die Füllung gerade fest ist.

4 Etwas abkühlen lassen, dann in Stücke schneiden. Lauwarm mit der Sahne servieren.

Sirupkuchen

Für 4 Personen   Vorbereitung: 20 Min.   Garzeit: 4 Min.
plus Ruhezeit

Zutaten

4 EL heller Sirup

125 g Butter, plus etwas mehr
zum Einfetten

85 g Feinstzucker

2 Eier, leicht verquirlt

125 g Mehl

2 TL Backpulver

ca. 2 EL warmes Wasser

fertige Vanillesauce, zum Servieren

Zubereitung

1 Eine mikrowellengeeignete Form (1,5 l) mit Butter einfetten. Den Sirup in die vorbereitete Form geben.

2 Butter und Zucker in einer Schüssel schaumig schlagen. Die Eier portionsweise zugeben und jeweils gut unterrühren.

3 Mehl und Backpulver auf die Masse sieben und unterheben. So viel Wasser zugeben, dass der Teig weich ist und zäh vom Löffel tropft. Den Teig in die Form gießen.

4 Mit mikrowellengeeigneter Folie abdecken, dabei eine kleine Öffnung lassen, durch die Dampf entweichen kann. Auf hoher Stufe in der Mikrowelle 4 Minuten garen, dann herausnehmen und 5 Minuten ruhen lassen. In dieser Zeit gart der Teig weiter.

5 Den Kuchen auf eine Servierplatte stürzen und warm mit Vanillesauce servieren.

Mini-Apfel-Crumbles

Für 4 Personen   Vorbereitung: 15 Min.   Garzeit: 20 Min.

Zutaten

2 große Kochäpfel, z.B. Boskop, geschält, entkernt und gewürfelt

3 EL Ahornsirup

Saft von ½ Zitrone

½ TL gemahlener Piment

50 g Butter

100 g Haferflocken

40 g Demerara-Zucker

Zubereitung

1 Den Backofen auf 220 °C vorheizen. Ein Backblech auf die mittlere Schiene schieben. Äpfel, Ahornsirup, Zitronensaft und Piment in einen großen Topf geben und vermischen.

2 Auf hoher Stufe aufkochen. Dann die Hitze auf mittlere Stufe reduzieren, den Topf abdecken und die Apfelmischung 5 Minuten garen.

3 In der Zwischenzeit die Butter in einem kleinen Topf zerlassen. Den Topf vom Herd nehmen und Haferflocken und Zucker einrühren.

4 Die Äpfel auf vier Ramequin-Formen (à 200 ml) verteilen und die Haferflockenmischung darübergeben. Die Förmchen auf das Backblech im vorgeheizten Ofen stellen und 10 Minuten backen, bis die Crumbles goldbraun sind. Warm servieren.

Riesen-Bananensplit

Für 1 Person   Vorbereitung: 15 Min.   Garzeit: Keine

Zutaten

1 große Banane

500 ml Schokoladeneis

250 g Mascarpone oder
Crème double

100 ml Karamellsauce

50 g Pekannüsse, gehackt

50 g Belegkirschen

Zubereitung

1 Die Banane schälen, längs halbieren und auf einen länglichen
Teller legen.

2 3 große Kugeln Schokoladeneis und 3 Löffel Mascarpone
daraufsetzen.

3 Mit Karamellsauce beträufeln und mit gehackten Nüssen
bestreuen. Mit den Kirschen garnieren und sofort servieren.

Cookie-Dough-Eiscreme

Für 8 Personen   Vorbereitung: 25–30 Min.   Garzeit: 10 Min.
plus Abkühl- und Gefrierzeit

Zutaten

Cookie-Teig

100 g weiche Butter

100 g Rohrzucker

7 Tropfen Vanillearoma

175 g Mehl

100 g Bitterschokoladentröpfchen

Eiscreme

450 ml Milch

12 Eigelb

7 Tropfen Vanillearoma

300 g Zucker

450 g Sahne

Zubereitung

1   Butter und Zucker mit dem Mixer schaumig rühren. Vanillearoma und Mehl zugeben und kurz durchrühren. Die Masse auf eine saubere Arbeitsfläche stürzen und die Schokoladentröpfchen von Hand unterkneten. In Frischhaltefolie wickeln und 30 Minuten in den Kühlschrank stellen.

2   Inzwischen langsam die Milch in einem Topf mit dickem Boden erhitzen.

3   In einer mittelgroßen hitzebeständigen Schüssel Eigelb, Vanillearoma und Zucker aufschlagen.

4   Wenn die Milch zu kochen beginnt, vom Herd nehmen und langsam unter ständigem Rühren in die Eigelbmischung gießen. Die Mischung in einen sauberen Topf füllen und langsam unter ständigem Rühren erhitzen, bis sie eindickt. Nicht kochen lassen! Die Sahne zufügen und abkühlen lassen.

5   Die Mischung in einem Gefrierbehälter ohne Deckel 1–2 Stunden gefrieren, bis die Masse an den Rändern fest ist.

6   Unterdessen den Teig aus dem Kühlschrank nehmen und in walnussgroße Stücke teilen.

7 Die Eiscreme aus dem Behälter nehmen und mit einer Gabel durchrühren, bis sie weich ist. Die Teigstücke zum Eis geben und kurz untermischen. Die Mischung wieder in den Gefrierbehälter füllen und weitere 2–3 Stunden gefrieren, bis sie fest ist. Alternativ eine Eismaschine verwenden, um die Eiscreme herzustellen. Dabei den Anweisungen des Geräteherstellers folgen und die Teigstücke nicht zu stark zerkleinern.

Piña-Colada-Lollis

Für 8 Personen   Vorbereitung: 25 Min.   Garzeit: Keine
plus Gefrierzeit

Zutaten

600 g Ananasfleisch, klein gewürfelt

200 ml Kokosmilch

6 EL Feinstzucker

2 EL Kokoslikör

Zubereitung

1 Je 1 Esslöffel Ananaswürfel in acht Eisförmchen (à 100 ml) füllen.

2 Die restliche Ananas mit Kokosmilch, Zucker und Likör im Mixer glatt pürieren.

3 Durch ein feines Haarsieb in eine Schüssel passieren und so viel Flüssigkeit wie möglich ausdrücken. Im Sieb verbliebene Frucht- reste wegwerfen. Die passierte Mischung in die Förmchen füllen. Die Stiele hineinstecken und die Masse 6–8 Stunden gefrieren, bis die Eislollis fest sind.

4 Um das Eis herauszulösen, die Förmchen einige Sekunden in warmes Wasser tauchen und die Lollis vorsichtig am Stiel herausziehen.

Doppeldecker mit Erdnussbutter

Ergibt 3 Kekse

Vorbereitung: 10 Min. plus Abkühlzeit

Garzeit: 1 Min.

Zutaten

120 g cremige Erdnussbutter

6 Butterkekse (einfache oder Vollkornbutterkekse)

85 g Bitterschokolade, in Stücken

Zubereitung

1 Den Backofengrill auf hoher Temperatur vorheizen. Die Kekse von einer Seite mit Erdnussbutter bestreichen.

2 Die Schokoladenstücke auf 3 der bestrichenen Kekse legen und die übrigen 3 Kekse mit der Erdnussbutterseite nach unten darauflegen und zu einem Türmchen aufschichten.

3 Die Doppeldecker-Kekse unter dem vorgeheizten Grill 1 Minute erhitzen, bis die Füllung zu schmelzen beginnt. Etwas abkühlen lassen und servieren.

Marshmallow-Nuss-Riegel

Ergibt 8 Riegel   Vorbereitung: 20 Min.   Garzeit: 5 Min.
                       plus Abkühl- und Kühlzeit

Zutaten

175 g Milch- oder Bitterschokolade

50 g Butter

100 g Shortbreads, in Stücken

80 g weiße Mini-Marshmallows

80 g Walnusskerne oder Erdnüsse

gesiebter Puderzucker,
zum Bestäuben

Zubereitung

1 Eine quadratische Backform (18 cm × 18 cm) mit Backpapier auslegen.

2 Die Schokolade in Stücke brechen und in eine hitzebeständige Schüssel geben. Die Schüssel auf einen Topf mit köchelndem Wasser setzen und die Schokolade schmelzen. Die Schüssel darf dabei nicht im Wasser stehen.

3 Die Butter zufügen und rühren, bis sie zerlassen und die Masse glatt ist. Etwas abkühlen lassen.

4 Shortbreads, Marshmallows und Nüsse unter die Schokoladenmasse heben.

5 Die Schokoladenmasse in die vorbereitete Form füllen und mit einem Löffelrücken flach drücken. Mindestens 2 Stunden im Kühlschrank fest werden lassen.

6 Vorsichtig aus der Form nehmen und auf ein Schneidebrett legen. Mit Puderzucker bestäuben. In acht Stücke schneiden und servieren.

Popcorn-Partykugel

Für 2–3 Personen   Vorbereitung: 10–12 Min.   Garzeit: 15 Min.
                          plus Abkühlzeit

Zutaten

1 EL Sonnenblumenöl

50 g Popcornmais

225 g Zucker

2 EL heller Sirup

150 ml Wasser

Butter, zum Einfetten

Zubereitung

1   Ein Backblech mit Backpapier auslegen und beiseitestellen. Das Öl in einem großen, hohen Topf mit gut schließendem Deckel erhitzen. Den Mais zugeben, den Deckel schließen und bei hoher Temperatur erhitzen, bis die Körner geplatzt sind. Zwischendurch den Topf mehrmals rütteln. Das Popcorn in eine große, hitzebeständige Schüssel umfüllen. Maiskörner, die nicht geplatzt sind, aussortieren.

2   Zucker, Sirup und Wasser in einem großen Topf unter ständigem Rühren erhitzen, bis der Zucker aufgelöst ist. Die Temperatur erhöhen und die Flüssigkeit 5–6 Minuten kochen, ohne zu rühren, bis ein heller Karamellsirup entstanden ist.

3   Den Sirup rasch über das Popcorn gießen und gut verrühren. Etwas abkühlen lassen. Die Hände mit Butter einfetten und das Popcorn zu einer großen Kugel formen. Auf das vorbereitete Backblech legen und ganz abkühlen lassen.

Kokoskonfekt

Ergibt 50 Stück

Vorbereitung: 25 Min. plus Ruhezeit

Garzeit: Keine

Zutaten

Öl, zum Einfetten

400 g Kondensmilch aus der Dose

5 Tropfen Vanillearoma

300 g Kokosraspel

300 g Puderzucker

3 EL Kakaopulver, gesiebt

einige Tropfen rote und rosafarbene Lebensmittelfarbe (nach Belieben)

Zubereitung

1 Den Boden einer flachen, quadratischen Backform (18 cm × 18 cm) einfetten und mit Backpapier auslegen. Kondensmilch und Vanillearoma in einer großen Schüssel mischen. Kokosraspel und Puderzucker zufügen und mit einem Kochlöffel zu einer festen Masse verrühren.

2 Die Hälfte der Mischung in eine andere Schüssel geben. Das Kakaopulver unter eine Teighälfte rühren, bis die Masse gleich-mäßig gefärbt ist. In die vorbereitete Form füllen und mit der Rückseite eines Löffels glatt streichen.

3 Die andere Teighälfte nun nach Belieben mit Lebensmittelfarbe einfärben. Auf die schokofarbene Schicht geben und ebenfalls glatt streichen. Über Nacht fest werden lassen, dann in Würfel schneiden.

Riesen-Erdnuss-butter-Cup

Für 12 Personen   Vorbereitung: 25–30 Min. plus   Garzeit: 15–20 Min.
Abkühl-, Kühl- und Ruhezeit

Zutaten

225 g feine Erdnussbutter

120 g hellbrauner Zucker

5 Tropfen Vanillearoma

90 g Butter

120 g Puderzucker

350 g Milchschokolade,
in Stücken

350 g Bitterschokolade,
in Stücken

Zubereitung

1 Für die Füllung Erdnussbutter, braunen Zucker, Vanillearoma und die Hälfte der Butter in einem Topf bei niedriger Temperatur unter ständigem Rühren erwärmen, bis Butter und Zucker geschmolzen sind. 2–3 Minuten köcheln lassen, dann vom Herd nehmen und langsam den Puderzucker unterrühren. In eine Schüssel umfüllen und abkühlen lassen.

2 Beide Schokoladensorten und die restliche Butter in einer hitzebeständigen Schüssel über einem schwach köchelnden Wasserbad unter gelegentlichem Rühren schmelzen. Der Schüsselboden darf das Wasser nicht berühren. Vom Herd nehmen und die Schokoladenmischung glatt rühren.

3 Aus einem Backpapier zwei Kreise (20 cm Ø) ausschneiden und in doppelter Lage in eine Tarteform (23 cm) setzen. So bleibt die Riesenpraline gut in Form und lässt sich leichter in den Kühlschrank heben. Ein Drittel der Schokoladenmasse auf dem Formboden verteilen und 20–30 Minuten in den Kühlschrank stellen, bis die Schokolade fest ist.

4 Die Erdnussbutter-Masse zu einem Kreis von 18 cm Ø formen und vorsichtig auf die Schokolade legen.

5 Falls nötig, die restliche Schokolade nochmals schmelzen. Über die Erdnussbutter-Mischung gießen, sodass diese vollständig bedeckt ist. Die Oberfläche sorgfältig glatt streichen. Erneut in den Kühlschrank stellen, bis die Schokolade fest ist.

6 Zum Servieren die Riesenpraline aus der Form nehmen. Auf eine Servierplatte setzen und etwa 1 Stunde bei Zimmertemperatur stehen lassen. Dann mit einem scharfen Messer in Tortenstücke schneiden.

Churros

Ergibt 16 Stück

Vorbereitung: 30 Min. plus Abkühlzeit

Garzeit: 25–30 Min.

Zutaten

225 ml Wasser

80 g Butter oder Schweineschmalz, gewürfelt

2 EL dunkler Muskovado-Zucker

fein abgeriebene Schale von 1 kleinen Orange (nach Belieben)

1 Prise Salz

175 g Weizenmehl, gesiebt

1 TL Zimt, plus etwas mehr zum Bestreuen

5 Tropfen Vanillearoma

2 Eier

Öl, zum Frittieren

Feinstzucker, zum Bestreuen

Zubereitung

1 Das Wasser mit Butter, Zucker, Orangenschale, falls verwendet, und Salz in einem Topf erhitzen, bis die Butter zerlassen ist. Mehl, Zimt und Vanillearoma auf einmal zufügen. Den Topf vom Herd nehmen und kräftig rühren, bis sich die Masse von der Topfwand löst.

2 Etwas abkühlen lassen, dann die Eier einzeln sorgfältig einarbeiten, bis ein dicker, glänzender Teig entstanden ist. In einen Spritzbeutel mit großer Sterntülle füllen.

3 Reichlich Öl in einem großen Topf oder in einer Fritteuse auf 180–190 °C erhitzen (ein Brotwürfel sollte darin in 30 Sekunden knusprig braun werden). Etwa 13 cm lange Teigstücke mit 8 cm großem Abstand direkt ins heiße Fett spritzen und 2–3 Minuten unter häufigem Wenden frittieren, bis sie goldbraun und knusprig sind. Mit einem Schaumlöffel herausnehmen und auf Küchenpapier abtropfen lassen. Warm halten, bis alle Churros fertig sind.

4 Die Churros mit Zucker und Zimt bestäubt sofort servieren.

Variation

Für einen Schokoladendip 80 g Bitterschokolade schmelzen und mit 100 g Crème double sowie 3 Tropfen Vanillearoma mischen.

Dry Martini

Für 1 Person   Vorbereitung: 10 Min.   Garzeit: Keine

Zutaten

4–6 gestoßene Eiswürfel

2 cl London Dry Gin

1 Spritzer trockener Wermut

1 Cocktailolive, zum Dekorieren

Zubereitung

1 Das Eis in einen Shaker füllen. Gin und Wermut darübergeben.

2 Alles kräftig schütteln.

3 In ein gekühltes Cocktailglas abgießen und mit der Olive dekorieren. Sofort servieren.

Margarita

Für 1 Person   Vorbereitung: 10–12 Min.   Garzeit: Keine

Zutaten

2 Limettenspalten

grobes Salz

6 cl weißer Tequila

2 cl Triple Sec oder Cointreau

4 cl Limettensaft

4–6 gestoßene Eiswürfel

Zubereitung

1 Den Rand eines gekühlten Cocktailglases mit einer Limetten-spalte befeuchten. Das Glas in grobes Salz tauchen.

2 Tequila, Triple Sec und Limettensaft mit den gestoßenen Eis-würfeln in einen Shaker geben und kräftig schütteln. In das vorbereitete Glas abseihen.

3 Mit der übrig gebliebenen Limettenspalte dekorieren. Sofort servieren.

Geeiste Erdbeer-Daiquiris

Für 2 Personen   Vorbereitung: 12–15 Min.   Garzeit: 5 Min.
                      plus Abkühlzeit

Zutaten

400 g Erdbeeren
8 Eiswürfel
100 ml weißer Rum
50 ml Limettensaft

Läuterzucker

50 g Feinstzucker
75 ml Wasser

Zubereitung

1 Für den Läuterzucker Zucker und Wasser in einem Topf unter Rühren sanft erhitzen, bis sich der Zucker aufgelöst hat. Zum Kochen bringen und ohne Rühren bei mittlerer Hitze 2 Minuten kochen. Den Topf vom Herd nehmen und den Läuterzucker abkühlen lassen.

2 2 ganze Erdbeeren beiseitelegen. Die restlichen Erdbeeren putzen und in Scheiben schneiden.

3 Die Eiswürfel in einem Mixer zerstoßen. 2 Esslöffel Läuterzucker zufügen (der übrig gebliebene Läuterzucker hält sich gut verschlossen mehrere Wochen im Kühlschrank und kann für viele andere Cocktails verwendet werden).

4 Dann Rum, Limettensaft und Erdbeerscheiben zufügen und alles pürieren, bis die Masse eine cremeartige Konsistenz hat. In gekühlte Cocktailgläser füllen und je 1 Erdbeere auf den Glasrand stecken.

Club Mojito

Für 1 Person   Vorbereitung: 10 Min.   Garzeit: Keine

Zutaten

1 TL Läuterzucker (siehe S. 240)

6 Minzeblätter

Saft von ½ Limette

4–6 gestoßene Eiswürfel

4 cl Jamaica Rum oder weißer Rum

Sodawasser

1 Spritzer Angostura

Zubereitung

1 Zucker, Minzeblätter und Limettensaft in ein Glas geben.

2 Die Minzeblätter mit einem Barstößel zerdrücken, dann Eis und Rum zugeben.

3 Nach Geschmack mit Sodawasser auffüllen.

4 1 Spritzer Angostura darübergeben und sofort servieren.

Cosmopolitan

Für 1 Person   Vorbereitung: 10 Min.   Garzeit: Keine

Zutaten

4–6 gestoßene Eiswürfel

2 cl Wodka

1 cl Triple Sec oder Cointreau

1 cl Cranberrysaft

1 cl Limettensaft

Orangenschalenspirale, zum
Dekorieren

Zubereitung

1 Das Eis in einen Shaker füllen.

2 Die flüssigen Zutaten darübergießen. Kräftig schütteln.

3 In ein gekühltes Glas abseihen und mit der Orangenspirale
dekorieren. Sofort servieren.

Tequila Slammer

Für 1 Person   Vorbereitung: 10 Min.   Garzeit: Keine

Zutaten

2 cl weißer Tequila, gekühlt

Saft von ½ Zitrone

Schaumwein, gekühlt

Zubereitung

1 Den Tequila in ein gekühltes Glas gießen. Den Zitronensaft zufügen.

2 Mit Schaumwein auffüllen.

3 Das Glas mit der Hand abdecken und auf den Tisch schlagen. Sofort servieren.

Sangria

Für 6 Personen   Vorbereitung: 15–20 Min.   Garzeit: Keine
plus Marinierzeit

Zutaten

Saft von 1 Orange

Saft von 1 Zitrone

2 EL Puderzucker

gestoßene Eiswürfel

1 Orange, in dünnen Scheiben

1 Zitrone, in dünnen Scheiben

1 Flasche gekühlter Rotwein

Zitronenlimonade, nach Geschmack

Zubereitung

1 Orangen- und Zitronensaft in einem großen Krug verrühren.

2 Den Zucker zugeben und rühren. Sobald sich der Zucker aufgelöst hat, 4–6 Eiswürfel zufügen.

3 Die Orangen- und Zitronenscheiben sowie den Wein hinzufügen. Möglichst 1 Stunde ziehen lassen.

4 Nach Geschmack Limonade und zusätzliches Eis zugeben. Sofort servieren.

Bloody Mary

Für 6 Personen   Vorbereitung: 10–15 Min.   Garzeit: Keine

Zutaten

4–6 gestoßene Eiswürfel

1 Spritzer Tabasco

1 Spritzer Worcestersauce

4 cl Wodka

12 cl Tomatensaft

Saft von ½ Zitrone

1 Messerspitze Selleriesalz

1 Messerspitze Cayennepfeffer

1 Stück Stangensellerie mit Blättern und 1 Zitronenscheibe, zum Dekorieren

Zubereitung

1 Das Eis in einen Shaker füllen. Tabasco und Worcestersauce darübergießen.

2 Wodka und Tomatensaft zufügen. Den Zitronensaft zugeben und kräftig schütteln.

3 In ein gekühltes großes Glas abseihen. Etwas Selleriesalz und Cayennepfeffer darüberstreuen. Mit dem Sellerie und der Zitronenscheibe dekorieren. Sofort servieren.

Shirley Temple

Für 1 Person   Vorbereitung: 10 Min.   Garzeit: Keine

Zutaten

gestoßene Eiswürfel

4 cl Zitronensaft

1 cl Grenadine

1 cl Läuterzucker (siehe S. 240)

Gingerale

1 Orangenscheibe, zum Dekorieren

Zubereitung

1 4–6 Eiswürfel in einen Shaker füllen.

2 Zitronensaft, Grenadine und Zucker zufügen und kräftig schütteln.

3 Den Drink in ein zur Hälfte mit gestoßenen Eiswürfeln gefülltes, gekühltes Highball-Glas gießen.

4 Mit Gingerale auffüllen und mit der Orangenscheibe dekorieren. Sofort servieren.

Himbeerlimonade

Für 4 Personen   Vorbereitung: 15 Min.   Garzeit: Keine

Zutaten

2 Zitronen

120 g Puderzucker

120 g frische Himbeeren

2 Tropfen Vanillearoma

gestoßene Eiswürfel

Sodawasser

Minzezweige, zum Dekorieren

Zubereitung

1 Die Schale und die weiße Schicht von den Zitronen abschneiden.
Das Fruchtfleisch würfeln.

2 Die Zitronenwürfel mit Zucker, Himbeeren, Vanillearoma und
4–6 Eiswürfeln in einen Mixer geben. 2–3 Minuten mixen.

3 Vier Highball-Gläser zur Hälfte mit Eis füllen und die Limonade
durch ein feines Sieb darübergießen.

4 Mit Sodawasser auffüllen und mit einigen Minzezweigen
dekorieren.

Variation

Für eine klassische Limonade 150 ml Wasser, 6 Esslöffel Zucker
und 1 Teelöffel abgeriebene Zitronenschale in einen kleinen
Topf geben und unter ständigem Rühren aufkochen. Unter Rühren noch 5 Minuten köcheln lassen. Dann den Topf vom Herd
nehmen und den Sirup abkühlen lassen. 125 ml Zitronensaft
zufügen und 2 Stunden kalt stellen. Zum Servieren zwei Gläser
mit gestoßenen Eiswürfeln füllen, den gekühlten Zitronensirup
zugießen und mit Sodawasser auffüllen.

REGISTER

This edition published by Parragon Books Ltd

Parragon Books Ltd
Chartist House
15–17 Trim Street
Bath BA1 1HA, UK
www.parragon.com

Realisation der deutschen Ausgabe:
trans texas publishing services GmbH, Köln
Übersetzung: Wiebke Krabbe, Damlos
Satz: Aicha Becker, München
Redaktion: Nazire Ergün, Köln

ISBN 978-1-4723-8085-2
Printed in China

HINWEIS
Sind Zutaten in Löffeln angegeben, ist immer ein gestrichener Löffel gemeint: Ein Teelöffel entspricht 5 ml, ein Esslöffel 15 ml. Sofern nicht anders angegeben, wird Vollmilch (3,5 % Fett) verwendet. Eier und einzelne Gemüsestücke sind von mittlerer Größe. Pfeffer wird grundsätzlich frisch gemahlen verwendet. Wurzelgemüse sollte vor der Weiterverarbeitung
geschält werden.

Garnierungen, Dekorationen und Serviervorschläge sind kein fester Bestandteil der Rezepte und daher nicht unbedingt in der Zutatenliste oder Zubereitung aufgeführt. Die angegebenen Zeiten können von den tatsächlichen abweichen, da je nach Zubereitungsmethode und vorhandenem Herdtyp Schwankungen auftreten.

Kinder, ältere Menschen, Schwangere, Kranke und Rekonvaleszenten sollten auf Gerichte mit rohen oder nur leicht gegarten Eiern verzichten. Schwangere und stillende Frauen sollten den Verzehr von Erdnüssen oder erdnusshaltigen Zubereitungen vermeiden. Allergiker sollten bedenken, dass in allen in diesem Buch verwendeten Fertigprodukten Spuren von Nüssen enthalten sein könnten. Bitte lesen Sie in jedem Fall zuvor die Verpackungsangaben.